不動産投資
成功の実践法則50
勝てる！儲かる！「考え方」と「実践ノウハウ」

長嶋 修・さくら事務所
Osamu Nagashima
Sakurajimusyo Inc.

ソーテック社

本書に掲載されている説明を運用して得られた結果について、筆者および株式会社ソーテック社は一切責任を負いません。
個人の責任の範囲内にて実行してください。

本書の内容によって生じた損害および本書の内容に基づく運用の結果生じた損害について、筆者および株式会社ソーテック
社は一切責任を負いませんので、あらかじめご了承ください。

本書の制作にあたり、正確な記述に努めておりますが、内容に誤りや不正確な記述がある場合も、筆者および株式会社ソーテッ
ク社は一切責任を負いません。

本書の内容は執筆時点においての情報であり、予告なく内容が変更されることがあります。また、環境によっては本書どお
りに動作および実施できない場合がありますので、ご了承ください。

本文中に登場する会社名、商品名、製品名などは一般的に関係各社の商標または登録商標であることを明記して本文中での
表記を省略させていただきます。本文中には ®、™ マークは明記しておりません。

// **はじめに**

　不動産投資は、人生を豊かにしてくれます。

　私のまわりには、毎月数十万～数千万、なかには年間億単位の家賃収入を稼ぐ大家さんがたくさんいます。彼らは、それぞれの独自の手法で勉強と行動を積み重ね、幸せな人生を送っています。

　一方で、不動産投資に失敗し苦労している人も数多く見かけます。そのレベルはさまざまで、思ったように家賃収入を得られないケースから、空室が埋まらずにローンを払いきれないまま、破たんするケースまであります。

両者の違いはいったいどこにあるのでしょうか？

　もちろんその理由はケースバイケースですが、単に運がよかった、悪かったというような話ではありません。

　まず第1に、成功している人は例外なく勉強熱心です。

　常にアンテナを張り巡らし、日々の研さんを怠りません。

　第2に、適切なメンターや仲間、あるいはプロが周囲にいて、情報交換をはじめ必要に応じて適切なアドバイスを受け取っています。

　そもそも不動産投資というものは株式投資などと違って、資産が急に数倍になるといったことはありませんが、定期的に安定的な収入を得るといったいわゆる「ミドルリスク・ミドルリターン」の投資で、**失敗する可能性というのはそれほど高くありません。それなりの知識・理論武装をして臨めば難しいものではないのです。**

　失敗している人は、ほぼ例外なく「勉強不足」。不動産投資関連本を数冊読んだだけで物件を買うとか、不動産業者にいわれるがままに買う……といったパターンです。

　「判断力」という軸を自身の中に持っていないため、勘やフィーリングといったあいまいな根拠で投資をしてしまいます。また、不動産市場の全体像が見えていないと、「自分が今、何をしているのかよくわかっていない」といった状態に陥ります。

3

本書は「不動産投資をはじめる前に、まず最初に読むべき本」がコンセプト。世の中にはたくさんの不動産投資関連の本があります。

　中古のワンルームマンションを買って家賃収入を得るケース、融資をうまく利用して一棟物の中古 RC（鉄筋コンクリート）マンションを買い、サラリーマン収入を上回る家賃収入を得るケース、ボロ物件を安く買ったうえで再生させ高利回りを実現するケースなど、その手法は多種多様です。

　そんな中で、自分にはどんな考えややり方があっているのか、すぐに見つけ出すのはなかなか難しいのではないでしょうか。

　これから、「まず現在の不動産市場はどうなっているのか？」といった大きな視点からはじめ、どんな投資法があるのか、それぞれの特性や注意点はどこにあるのか、また「物件選び」「管理」「出口戦略」などについて、**普段は有料セミナーでお伝えしている内容のエッセンスを織り込んでお届けします。業界初の個人向け総合不動産コンサルティング会社が教える「超・実践書」です。**各章は次のようになります。

章	タイトル	具体的な内容
Chapter-1	これからの不動産投資を考える	不動産投資をはじめる前のマインドセットです。市場環境とともにお話しします。
Chapter-2	入口が９割？ 買っていい物件の選び方	物件購入について選び方や「買ってはいけない物件」についても説明します。
Chapter-3	内覧時にチェックすべきポイント	内覧の際、どのようなポイントを見ればいいのかホームインスペクションのプロが教えます。
Chapter-4	「銀行がお金を貸したい大家さん」になる方法	不動産投資に欠かせない融資について、わかりやすく注意すべきポイントとともに解説します。

章	タイトル	具体的な内容
Chapter-5	リフォームとターゲティングで物件の価値をアップする方法	修繕だけにとどまらないお客さんをひきつけるリフォームの考え方を伝授します。
Chapter-6	満室経営をつらぬく集客と管理の法則	選ばれる物件、長く住んでもらえる物件になるための考え方をお話しします。
Chapter-7	想定外では済まされない「入居者トラブル」への対応法	避けて通れない入居者トラブルも事前に知っておくだけでずいぶん回避できるものがあります。
Chapter-8	売却で「攻め」の不動産経営を	不動産投資における出口戦略について、多角的な視点で見ていきます。

「不動産投資で得られるもの」すべてをあなたへ

本書を読み終えたあと、すぐに不動産投資へ……でもちょっと待ってください。どうぞその知識は、あくまで足がかりにして、まずは不動産投資関連の書籍をたくさん読んでみてほしいのです。

すると、いろいろな考え方や手法があるのがわかることと思います。そのとき、本書をあらかじめ読んでおけば「ああ、これはこういった視点・考え方に基づくのだな」ということが自然とわかるような、羅針盤のような役割を果たせると思います。

冒頭に「不動産投資は、人生を豊かにしてくれます」と書きました。これは、収入の面でももちろんそうなのですが、それだけではありません。

たとえば「精神的な安定」。これはサラリーマンとしてあるいは自営業者とし

5

ての収入が、ある日途絶えたとしてもやっていけるといった心強さからくるものです。

あるいは「時間」も手に入れることができます。人生は「時間そのもの」といっていいでしょう。収入を得るために長時間働いたり、副業をおこなう必要もなく、自由な時間を手にすることが可能です。

はたまた「満足感」も得られます。家賃収入とは、入居者の満足を追求することで得られる対価にほかなりませんが、**誰かの幸せに貢献しているといった実感は、何物にも代えがたい価値があります。**

こうしたさまざまな豊かさをもたらしてくれる不動産投資。

本書を足掛かりとして、あなたやその周囲の方々の人生がより豊かになることに貢献できれば、本書を出したかいがあります。ぜひ幸せになってください。

長　嶋　　修

C O N T E N T S

はじめに 3

Chapter-1
これからの不動産投資を考える　　　　　　　　17

実践法則 01　人口減と不動産余りの深刻度を把握する.................................. 18

人口減はどれくらい？
これからの不動産投資の戦い方
「あえて賃貸」のポジティブな流れ

実践法則 02　衰退する街と発展する街の見分け方.. 22

第2・第3の多摩ニュータウンが生まれる
居住誘導区域を知る
まずは自治体のホームページで調べる

実践法則 03　安い理由には裏がある？ 都心にもある浸水ポイント.............. 26

浸水する地域・しない地域
都心部でもある洪水のリスク
今後期待される住宅情報データベースとは？
▐▌Column　　　マンションの参考価格は誰もがチェックできる時代に

実践法則 04　「首都圏なら安心」は大きな誤解....................................... 30

新築物件が次々と建てられるカラクリ
相続税の増税と急速な空室率の上昇
首都圏でも立地選びに油断は禁物

7

実践法則
05 データでわかる　今、手を出してはいけない物件 34

入居者がいる = 成功ではない
狭小物件は危険がいっぱい
利回りのよさに気をとられない

Chapter-2
入口が9割？ 買っていい物件の選び方　　　37

実践法則
06 何に投資するか？ 目的に応じた物件選び 38

「何を買うか」よりも「どうなりたいか」
自分と似た属性で成功している人を探す
不動産投資セミナーの選び方

実践法則
07 新築と中古のメリット・デメリット 40

中古物件が不動産投資のスタートだった時代
どのスタイルにするかは自分しだい
時間に余裕はあるか

実践法則
08 アパートを建てるとき、どこに頼めばいいか？ 43

実は正解がない？
それぞれの特徴を知ろう
個別の見極めがいいアパートづくりの第一歩

実践法則
09 30年安心はウソ？ サブリースの落とし穴 46

空室リスクがなくなる？　サブリースのしくみ
しっかり情報収集が必要

実践法則 10
少額からはじめて不動産投資のしくみを理解する 50

少額の物件からスタートする理由
いきなり多額の借金をしない
まずは区分マンションから
「ほしい人」と「買った人」の大きな差

実践法則 11
怪しげな節税対策物件に要注意 53

低利回りワンルーム投資は儲からない
あくまでもキャッシュフローが目的
投資の目的を忘れずに失敗を避ける

実践法則 12
ライバルに打ち勝つ物件の探し方・買い方 57

利回りのいい物件は自分でつくる
周辺環境のチェックポイント
ほしい物件を手に入れられる大家さんになる
買える指値の入れ方

実践法則 13
人口推移からは見えない真の賃貸需要 62

賃貸ニーズを知っているのは街の不動産屋さん
実際に物件を見る際のポイント
物件にはどんな人が住んでいるか
シミュレーションで見えてくる間取り

実践法則 14
マンションの修繕積立金を確認する方法 66

修繕積立金・管理費の滞納はないか
滞納物件に回収のメドがあるのかが問題
管理費、修繕積立金で損しないためのチェック方法

9

実践法則 15 適切な維持・管理がされた物件の見分け方 71

中古マンションは「管理を買う」
管理のレベルはここでチェックする

実践法則 16 物件種別ごとの部位修繕目安を知っておこう 76

マンションの修繕費には要注意
大規模修繕の計画書の確認ポイント
リスク回避の考え方
● OPINION ● 賃貸が一番下層の日本の住宅ヒエラルキー ❶

Chapter-3
内覧時にチェックすべきポイント　　　79

実践法則 17 外壁 屋根 クラック、タイル、防水をチェックする方法 80

外観チェックは専門家への依頼も検討する
屋根のチェックからわかること

実践法則 18 居室 雨漏り、シロアリ、カビはどこまで許容できる？........ 84

見つけてもあわてずに済む体制を
カビの発生は原因をよく見極める

実践法則 19 水周り 設備 修繕費がかかる水周りと設備は何を見る？.... 88

浴室のチェックポイント
水周りはお金がかかる
ベテラン投資家も悩む設備のチェック

実践法則 20 床下、小屋裏、天井裏 建物の基礎となる躯体や構造はどこを見る?...92

物件の傾きは大丈夫?
見えづらい部分はデジカメやスマホを活用

実践法則 21 ホームインスペクターを利用する際の注意点 96

物件の状況を正しく早く把握する
新築でもまったく問題がない物件は少ない

Chapter-4
「銀行がお金を貸したい大家さん」になる方法　　　101

実践法則 22 現金買いとローン買いのメリット・デメリット 102

レバレッジの考え方
メリット・デメリットをくわしくチェック

実践法則 23 銀行の新規開拓を成功させるポイント 105

それぞれの金融機関の特徴を知る
自分に合った金融機関の選び方
「買わないと損」は大間違い

実践法則 24 サラリーマンの優位性と落とし穴 108

サラリーマン大家さんは恵まれている
経営者意識を持って現実に目を向ける

実践法則 25 返済比率は何%以下に抑えれば安心なのか? 111

高利回りに見える物件でも……
初心者が見落としがちな経費

実践法則 26 「フルローン」は諸刃の剣 113

資金ゼロで投資は可能？
レバレッジがマイナスに作用すると身動きがとれない
２割程度の自己資金が必要

実践法則 27 借り換えと繰り上げ返済の注意点 116

ウワサ話に惑わされず正しく判断
繰り上げ返済はやるべきか

Chapter-5
リフォームとターゲティングで物件の価値をアップする　119

実践法則 28 外壁塗装、設備の更新の最適なタイミングは？ 120

リフォームの最優先は外壁工事
設備の工事は同時施行できないか検討する
500万円未満の工事は要注意

　 O PINION　賃貸が一番下層の日本の住宅ヒエラルキー ❷

実践法則 29 工務店？ 管理会社？ リフォームをどこに依頼するか 124

不動産投資にとってのいいリフォーム会社の条件
リフォームを管理会社にまかせるメリットは？

実践法則 30 ターゲットを絞って選ばれる部屋をつくる 127

ターゲットを絞ればチャンスが生まれる
物件の価値・魅力をどう伝えるか

　 O PINION　賃貸が一番下層の日本の住宅ヒエラルキー ❸

実践法則 31　入居者の希望を生かす新時代のリフォーム.............................. 131

家電が変われば部屋も変わる
最近の人気設備は？
ニーズを反映した部屋づくりを

実践法則 32　照明や小物の工夫で印象に残る部屋になる.............................. 134

ホームステージングを取り入れる
「キメ物件」に格上げするステージングのコツ
お金をかけずに申し込み率アップ

実践法則 33　高齢者や外国人はリスクか？...................................... 137

高齢者 NG ではやっていけない
観光客だけではない！　働く外国人
外国人向けに需要が出てくるのは「普通の物件」

Column　改装可能な賃貸物件だけを紹介する不動産サイト

Chapter-6
満室経営をつらぬく集客と管理の法則　　141

実践法則 34　不動産投資におけるオーナーの役割を心得る 142

求められるのは謙虚な姿勢とリーダーシップ
さらに必要なのは「判断力」

実践法則 35　管理会社の選び方と、味方にするための付き合い方............. 144

管理会社の役割とコスト
管理会社の選び方
目指すのは二人三脚
一緒に仕事をしたい人になる

実践法則 36　オーナーのマーケティング力で入居者を引き寄せる 147

高めの家賃で満室経営が続く秘密
自分の物件の「強み」の見つけ方
Column こだわり物件をマッチング　不動産のセレクトショップ

実践法則 37　客付け業者の立場に立てば「選ばれる物件」がわかる 151

「応援したい」と思われる物件にする
すぐに実践できるテクニック４つをマスターしよう

実践法則 38　入居者需要の長い物件にするには 155

長く住んでもらうことが一番大事
アンケートは春に実施

実践法則 39　居住用だけではないさまざまな不動産投資 157

地方でも一定のニーズが眠っている
駐車場経営のメリット・デメリット
OPINION マンションを買ったら管理組合に積極的に参加しよう！

Chapter-7
想定外では済まされない「入居者トラブル」への対応法　159

実践法則 40　入居審査で大切なことは事前に決めておく 160

入居者に対して何を提供できるのか？
「誰でもいい」はうまくいかない
肩書きではわからないこと

実践法則 41	中古物件の購入時に「問題児」の有無を確認しよう............162

トラブルメーカーがもたらす損害は想像以上
大家さんの防衛策とは

実践法則 42	滞納、夜逃げ、不良入居者への対応法........................164

法律は圧倒的に大家さんに不利
早めに実績のある専門家に相談
定期借家契約を取り入れる

実践法則 43	超高齢化時代の賃貸市場で心しておくこと.....................167

高齢者は長く住み続けてくれる大切なお客様
孤独死を防ぐために
高齢者の増加はビジネスチャンス

Chapter-8
売却で「攻め」の不動産経営を　　　171

実践法則 44	守りの家賃収入と攻めの売却益..................................172

流行の手法よりも「あたりまえ」を実践する
生き残ったのはインカムゲイン
1軒目に買った物件は……
タイミングを見て売却も視野に
建て替えがすんなりいくとはかぎらない
広い視野で資産の組み替えをおこなう

実践法則 45	首都圏の不動産価格のピークは2020年？.................177

日本の不動産はまだまだ割安
気をつけたい落とし穴

15

| 実践法則 46 | 売却を依頼する仲介会社の選び方 | 180 |

仲介業者が狙う「両手」とは
仲介会社の特徴をジャンル別にチェック

| 実践法則 47 | ポートフォリオ全体でメリットのある売却を | 183 |

売り出し価格は自分で決める
金融機関はお金を貸したくてしょうがない
物件を売り出すタイミングは？
売却のポイントとなる「デッドクロス」とは
ポートフォリオ全体で戦略的な売却を
‖Column　不動産投資の老舗ポータルサイト

| 実践法則 48 | 海外不動産を組み込んで所得を圧縮 | 187 |

キャピタルゲインも狙える海外投資
リスク以上の価値を見つける

| 実践法則 49 | 不動産投資は税金との闘い？ | 191 |

自己投資こそ最大のパフォーマンスを発揮
不動産投資には税金がつきまとう

| 実践法則 50 | 何のための家賃収入か？ 不動産投資のゴールを考える | 194 |

ゴールがどこかは誰も教えてくれない
ポジティブなゴールを設定する
エリアの価値を上げ、街づくりをする大家さんに
OPINION　民泊で利回りアップ！

あとがき 198

Chapter - 1

これからの
不動産投資を考える

これからの日本社会を考えるとその先行きは決して明る
くないのが不動産投資の現状です。ここではさまざまな
データを見ながら「これからどうやって不動産投資で勝
ち抜いてくのか」を考えていきます。

| 実践法則 | # 人口減と不動産余りの深刻度を |
| 01 | 把握する |

これまで右肩上がりで盛り上がっていた不動産投資の環境も、これからは冬の時代といわれています。では、新規参入組には勝ち目はないのでしょうか？まずは、客観的なデータを分析し、どのようにすれば成功できるのか、冷静にその戦略を探りましょう。

人口減はどれくらい？

　不動産投資に反対する人が、理由として真っ先にあげることに、「日本の人口がこれから減っていく」ということがあります。

　不動産投資で最も大きなリスクが、空室が埋まらず、想定していた家賃が入らないことです。

　人口が減れば当然、賃貸物件に住む人も減っていくわけですから「日本で不動産投資なんてやらないほうがいい」という人の意見は、確かに筋が通っています。

　右のグラフは、日本の人口の推移を予測したものです。戦後、日本の経済が順調に発展し続けていたのにあわせ、その数を延ばしていた人口も2004年の1億2,784万人をピークとして減り続け、2050年には9,515万人程度になると予想されています。

　たとえば、2017年に新築アパートを35年ローンで建てるとすると、完済するのは2052年。決して遠くない未来に、これだけの日本人が減るということは、無視できない事実です。

　政府は少子化対策として、男性の育児休暇の取得を促進したり、保育園数の増加などを講じたりしていますが、現在のところ、はっきりとした成果が出るまでには至っていません。

　移民の受け入れ、という案もありますが、慎重派も多く、実現したとしても減少する日本人の数に比べたら、焼け石に水というレベルでしょう。

　人口の減少は、賃貸需要の低下だけでなく、既存の不動産が余り、住宅の価格が安くなるということも意味します。高齢化の進行による、若年層の社会保障負担増にも向かい合わなければなりません。それは不動産を買う、あるいは借りるパワーの減退を意味するからです。

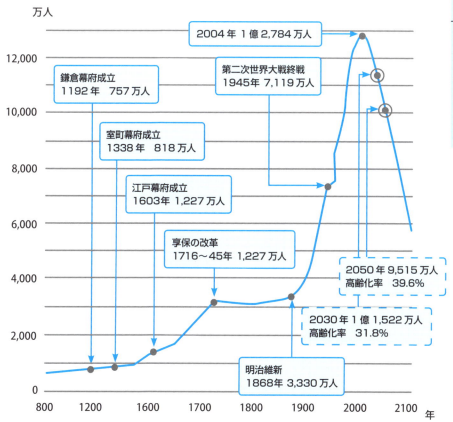

● 日本の人口推移の予測

参照 国土交通省「国土の長期展望」中間とりまとめ (http://www.mlit.go.jp/common/000135838.pdf)

これからの不動産投資の戦い方

　次のページのグラフは、世界の2010年の住宅価格と、2040年の住宅価格（予測）を比較したものです。

　一番左側が日本です。ほかの国々も一様に下がっているため、あまり目立ちませんが、マイナス45％といえばほぼ半額。理由は簡単で、需要が減るから価格が下がるのです。

　そして、住宅が安くなるということは、これまで「マイホームが買えないから

● 2040年の住宅価格（予測・2010年比）

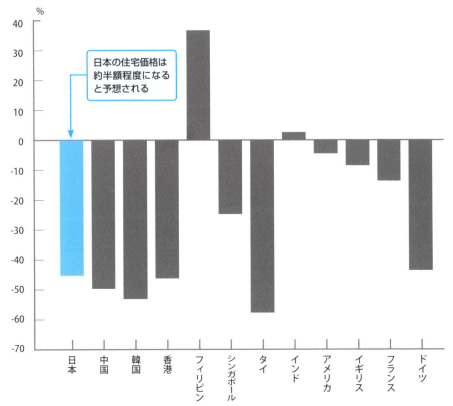

参照 三浦・麗澤大学 清水千弘研究室「将来30年間において人口効果が住宅価格に与える影響度に関するシミュレーション分析」（2015年）

賃貸物件に住む」という選択をしていた層が、購入を選ぶということにつながりますし、そもそも賃料はかなりの程度下がるということになります。

　つまり、これからの賃貸経営は、人口減少と不動産余りという二重、三重の逆風の中で戦っていかなければならないということです。

　今の日本で不動産投資をおこなううえで、この事実は絶対に押さえておかなければいけません。

　しかし、私は「少子高齢化の進む日本でこれから不動産投資をはじめるなんてナンセンスだ」とは決して思いません。大切なのは、それらの事実を理解したうえで、どのような戦略を立てるかです。

日本で何らかのビジネスをおこなう以上、大半が日本人を相手にすることになります。仮に人口減少を理由にするなら、多くのビジネスが、日本から撤退すべきということになってしまいます。

また、**不動産が余るということは、投資家の立場から見れば、よい物件をよい条件で仕入れるチャンスが増えるということ**ととらえることができます。

「あえて賃貸」のポジティブな流れ

そのほかにも、ポジティブな傾向として、これまでのような「持ち家を買うまでのつなぎとしての賃貸」ではなく、「あえて賃貸住宅を選ぶ」という人たちが増えているということがあります。

総務省の調べによると、東京23区の年収1,000万円以上の人たちの約30%は賃貸住宅に住み、中でも収入の多い中央区・港区では賃貸に住む人の割合が40%に達しています。彼らは家を買おうと思えば買える人たちですが、それを選択していません。

そこには、長い間日本に根付いていた「マイホーム信仰」に縛られず、家族構成や年齢にあわせて、その時々に適した住まいを選ぶというフレキシブルな生き方がメジャーになってきたという背景があります。

昔と違って土地も家も、増える資産としては期待しにくい時代。

賃貸なら固定資産税や都市計画税の支払いから解放されるという経済的な合理性から、賃貸を選ぶ人たちも増えています。

これらの事実は、人口減少と空室率の上昇が年々進む日本でも、今後、賃貸需要はあり続けるということを意味します。

また、「新築」「安さ」「駅からの距離」といった画一的な条件で物件が選ばれがちだったこれまでと違い、現在の日本人の住まいに対する価値観は実に多様化しています。

それは、**「物件のスペック」に成否を大きく左右されていた時代から、これからは経営者の工夫やアイディア次第で、成果をあげられる時代に向かっているということ**につながります。たとえば、 実践法則36 で紹介するようなこれまでの価値観にとらわれない個性的な物件を生み出すオーナーが現れてきているのも明るい兆しです。

鷹の目で見れば厳しく見えても、アリの目で見れば、チャンスが十分にある。それが、これからの時代の不動産投資といえます。

実践法則 02 衰退する街と発展する街の見分け方

実践法則01 では、日本全体の人口減について見てきました。ここでは、政府が示す「居住誘導区域」というキーワードから、地域別に見て、将来人口が減る地域なのかどうかを知る方法を見ていきます。

第２・第３の多摩ニュータウンが生まれる

人口減少時代に苦戦が予想されるのは、郊外のベットタウンのようなエリアです。言い換えれば、高度成長期に団塊世代の人たちがマイホームを求め一斉に入った場所。そういった場所は人が減るときも一気に減るものです。

その典型として東京都多摩市にある多摩ニュータウンがあります。この街は駅周辺の一部をのぞくと、不動産価格は低下し、賃貸需要も弱くなるという現象がもうすでにはじまっています。

なぜ、そうなったかといえば、若い人の流入が少ないからです。

多摩ニュータウンができたのは、都心の不動産価格が高い時代。通勤時間はある程度かかるけれど、手が届きやすい価格帯という理由から、若い世代がこの街を選びました。

年月を経て、入居当初、新婚や子育て世代だった人たちは高齢者となり、その子どもたちはもっと利便性のいい場所で新しい家庭を持っています。

人の流れは出ていくばかりで、入ってくる人たちがいないのです。多摩ニュータウンのような街は、全国でこれから増えていくはずです。

居住誘導区域を知る

政府は、このような街を何とかしてもとのように多くの人が住む街にしようとは考えていません。

むしろその逆で、**人を集める場所（居住誘導区域）とそうでない場所を区分けして、人を集めるべき場所に集中して、税金を投入していくという方針を示して**います。

今、全国には1,800弱の自治体があります。現在はそのすべてのエリアに薄

● 2010年を基準とした場合の2050年の人口増減状況（予測）

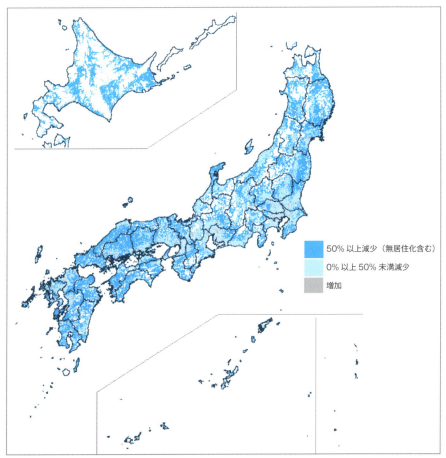

参照 「国土のグランドデザイン2050参考資料（国土交通省国土政策局 2014年7月4日）」より一部改変（http://www.mlit.go.jp/common/001050896.pdf）

く広く人々が住んでいる状況ですが、今後、人が減っていく中では、上下水道のインフラの修繕やゴミ収集、北国なら除雪といった行政の仕事の効率がどんどん悪くなっていきます。

　そこで、街を思い切り小さく縮めて、その中に集まって住むことを推奨しようというのが国の方針なのです。

　日本では戦後の高度成長期に、市街化区域と市街化調整区域にエリアを分けて、市街化区域は基本的に家を建てられるけれど、市街化調整区域は原則ダメという

ルールをつくりました。

　ところが、市街化区域が大きすぎたため、市街化区域が埋まる前に人口が減りはじめてしまったのです。ですから、街を小さく縮めるというこれからの試みは、戦後に決めた区分けについて、一度撤退して縮小するということになります。

　この計画では、学校、病院、役所、介護系施設、子育て系施設、買い物の利便施設など、生活にひととおり必要な業態を１カ所に集めようという考えのもとで進められています。補助金を整備し、「ここで事業をしてくれたら、容積率を何倍にします」というような措置もとります。

　ちなみに、どのようなエリアが外されやすいかというと、第１に浸水や土砂崩れなどの災害可能性のある地域です。そういうところは真っ先に外されます。

　実は、アメリカの多くの州でも、ヨーロッパの多くの国でも同じことをやっています。

　海外では、自治体が街を「経営」していくというマインドが強く、リターンの大きいところにお金をかけて、そうでないところはソフトランディングという運営手法が日本よりも明確にとられています。

　自治体の目標は、住民の居住快適性を上げ、資産価値を上げて、固定資産税を多くもらって街が繁栄していくこと。そのために、早くから対策を講じ、自治体がリードして、街の形をデザインしているのです。

まずは自治体のホームページで調べる

　この計画が進めば、将来は町の中心部と、中心部ではないけれど政府が人を集めようと決めたエリアに、人口が偏在することになるでしょう。

　賃貸経営をするなら、自分の物件がこのエリアに入るかどうかは、絶対に意識しておく必要があるといえます。特に、新築を建てる場合には、長いローンを組み、そこで長期間にわたって賃貸経営をすることになりますから、事前に調べることは必須です。

　ある自治体では、大家がよく調べなかったために、自治体が人を住まわせたいエリアから外れる場所にサービス付き高齢者住宅が何棟もつくられてしまいました。そこは今後、住人も商業施設も減っていく場所です。「こんな場所に新しく建てて、将来はどうなってしまうんだろう？」と周りの人たちは心配しているといいます。

　あるエリアが、自治体の居住誘導区域に該当しているかは、実は自治体のホームページで見つけることができます。

● 自治体の都市計画公表の例（埼玉県毛呂山町ホームページ）

毛呂山町のホームページでは都市計画についての資料が閲覧できる

　一例をあげると、埼玉県の毛呂山町では、「居住誘導区域の中は地価上昇10％を目指す」ことを公表しています。
　街づくりの意識の高い自治体は、人口が減り続ける時代に、自分たちの街をうまく経営するために、さまざまな知恵を絞っているのです。
　物件を買おう、建てようと思っている場所は、自治体が残そうとしている場所なのか、そうでないのか。調べれば簡単にわかることです。
　その手間を惜しんで、大きな失敗をしないようにしましょう。

実践法則	安い理由には裏がある？
03	都心にもある浸水ポイント

人口減少に続いて無視できないリスクに自然災害があげられます。特に台風・大雨にともなう浸水の危険は、あまり意識されていません。また、都市部だから安全というわけではなく相対的な地形によってはピンポイントで浸水のリスクがともなう場合もあります。

浸水する地域・しない地域

　日本ではここ数年、地震や水害といった大きな自然災害が頻繁に発生するようになりました。特に最近、目立つのは台風による被害です。台風による大雨が原因で、道路が川のようになっている映像を、ニュースで何度も目にしたという人も多いでしょう。

　日本には浸水可能性がある地域と、そうでない地域があります。

　都内で「これは安いな」と思う土地を調べてみると、標高が低く、過去に浸水被害があったということがしばしばあります。だからといって資産性に大きな差は見られず、事実、浸水可能性が高いとされる地域にも、一戸建てやマンション、アパートなどが一見何の問題もなく建設されています。

　しかし、これから不動産を買うなのらば、このような場所はできるだけ避ける必要があるでしょう。また、すでに物件を所有している人は、水害に備えた対策を講じる必要があります。

都心部でもある洪水のリスク

　「浸水」や「洪水」というと、どうしても海沿いなどがイメージされがちですが、実は内陸部の比較的標高が高いところにもそのリスクはあります。

　右の地図は東京都世田谷区が公表している「世田谷区洪水ハザードマップ」の一部です。

　色が変わっているところは大雨が降った際に20～50センチ、50センチ～1メートル、1～2メートル、2メートル以上の洪水が予想されているエリアです。かなり多くの場所が該当していることがわかると思います。

● 都心部でも洪水のリスクがある例

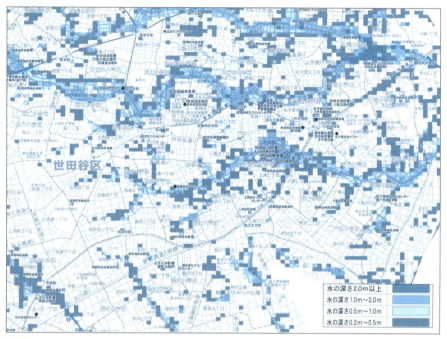

参照 「世田谷区洪水ハザードマップ（全区版）」(http://www.city.setagaya.lg.jp/kurashi/104/141/557/d00006073.html)

たとえ都心部であっても、周辺地と比べた相対的な地形により洪水の危険にさらされることがあるので、事前のチェックが必要になる

● 洪水のリスクがある地域で見られる危険な半地下物件の例

都心で多数見られる半地下物件の例。洪水のリスクがある地域でも散見される

東京など都市部の場合、雨水の排水処理能力は１時間あたり５０ミリ程度を想定していますが、それを超えて処理しきれない分が路上に溢れ出すことが増えました。

　いくら一定の標高があっても、水は低いところに流れるので、周辺地に比べて相対的に低い地区に水が集中することになります。

　洪水を予測して基礎を高くするなどの工夫が施されていればまだマシですが、ゲリラ豪雨（きわめて狭い範囲に１時間あたり１００ミリを超えるような猛烈な雨が降る）に見舞われたら浸水確実と思われる物件がたくさんあります。

　ましてやこういった地域にはいわゆる「半地下物件」すら散見されるのです。半地下物件は、数万円の「ポンプ」で排水処理をおこないます。このポンプの処理能力は、はたしていかほどでしょうか。また、壊れたり停電になってしまったら？

　こうした懸念があるにもかかわらず、浸水可能性の有無と不動産の評価、金融機関の評価には原則、差がありません。

今後期待される住宅情報データベースとは？

　ところで、以上のような状況を変えるであろう動きがあります。不動産業者は現在、「REINS」（レインズ/Real Estate Information Network system）といわれる情報ネットワークでつながっており、売買・賃貸募集中物件、成約物件の情報を見ることができます。ただし、その情報の中身はといえば、広告の物件概要にあるものとほぼ変わらず、やや物足りない印象です。また、検索などの使い勝手も悪いのが実状です。

　その一方で「新住宅情報データベース」というものに期待が高まっています。これは「都市計画情報」「登記情報」「災害情報」など各所に散らばっていた情報を集約しつつ「成約価格情報」などを一元化するデータベースで、現在複数の自治体で実証実験がおこなわれており、早ければ２０１８年から順次、全国に展開される予定です。

　データベースには浸水履歴やハザードマップなどの「災害情報」も含まれます。これで「浸水履歴や可能性」の程度によって、不動産価格にはっきりと差がつく道筋ができました。

　また、不動産情報検索サイト「HOME'S」が公開している「HOME'Sプライスマップ」にも期待ができます。

　これは簡単に言えば「売り出し中ではない物件について、参考価格を地図上に

表示する」という画期的なサービスです。アメリカには同様のサービスとして、Zillow（http://www.zillow.com/）がありますが、理論上の「売買価格」「賃料」について「参考価格」が地図上にプロットされます。

　こういったサービスが近い将来、さまざまな形でリンクし、浸水・洪水履歴もその参考価格を出すアルゴリズムに組み込まれ、反映されるようになるでしょう。

　これからの物件選びには、こうした変化の動きがあることを頭の片隅に入れておきましょう。

Column

マンションの参考価格は誰もがチェックできる時代に

HOME'S プライスマップ

　老舗の不動産情報サイト『HOME'S』に掲載された中古物件の募集情報などをもとに、独自のロジックで物件の参考価格を算出し、地図上に表示させる画期的なサービス。取引の対象となる物件だけでなく、周辺の価格も一覧に見えるので比較が簡単におこなえる。物件の参考価格を誰でも見ることができるサービスはこれまでになく、一見の価値がある。

http://box.homes.co.jp/cm/marumie/

実践法則 04 「首都圏なら安心」は大きな誤解

人口が減少するといっても、首都圏は大丈夫。……本当にそうでしょうか？一見あいかわらず活況の様相の首都圏の不動産事情もフタを開けてみると楽観視できないものがありそうです。ここでは、首都圏の空室率の推移と沿線別の人口減少のデータを中心にチェックします。

新築物件が次々と建てられるカラクリ

これだけ人口減少と家余りが問題となっているのに、日本では毎年、多くのマンションやアパートが新築されています。

固定資産税や相続税などの税制のしくみが、アパートなどの住宅建築を促進する格好になっているからです。

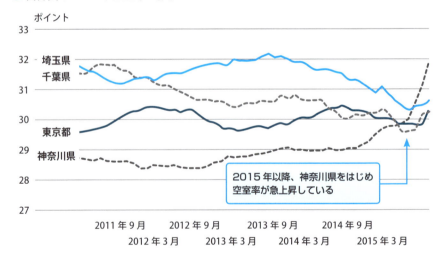

● 首都圏のアパート空室率の推移

参照 「TAS賃貸住宅市場レポート首都圏版 2015年10月（1都3県アパート系（木造、軽量鉄骨）空室率TVI）」より一部改変（https://www.tas-japan.com/pdf/news/residential/Vol70_residential20151029.pdf）

どういうことかというと、

- 更地にしておくよりもアパートなどの住宅を建てたほうが、固定資産税が軽減される
- さらには相続税評価額を大きく下げられる

このようなルールがあるため、節税目的の賃貸物件があちこちに建てられているのです。アパートを建てる側は、節税を目的にしているため、もともと不動産市場や賃貸経営についての知識がない場合がほとんどです。

その結果、地域の賃貸需要を調査することなく、業者に言われるままに賃貸物件を建てるオーナーが続出し、地域のマーケットのバランスは崩れ、空室だらけの物件があちこちで見られるようになるのです。

ここまでを読んで、地方でのできごとと思った人は多いのではないでしょうか？　しかし、この現象は、首都圏も例外ではありません。

相続税の増税と急速な空室率の上昇

左のグラフは、東京都、神奈川県、埼玉県、千葉県の1都3県のアパートの空室率TVIの推移を示したものです。

これによれば、2015年以降、神奈川県で急速に空室率がアップしているのが見てとれます。千葉県の空室も同様に上がっています。

このグラフでは確認しにくいのですが、実は空室率は2015年の6月以降、急速に上昇しています。

それは、相続税の増税が発表されたことと関係しています。アパートメーカーが、「相続税が上がりますから、賃貸物件を建てないと、税金が大変なことになりますよ」と営業をして回った結果、地主さんたちが同じ時期に一斉に新築アパートを竣工することになりました。その結果が、急速な空室率の上昇なのです。

首都圏は土地の値段も工事費も地方に比べると高くなります。新築アパートを1棟建てるだけで数千万円、ときには億を超える資金がかかります。利回りも地方に比べれば当然、低くなります。

そして、相続税対策のために賃貸物件を建てる人たちは基本的に融資を利用するため、大きな借金を背負うことになります。

もし、賃貸経営に失敗すれば、節税どころか、借金の返済もままなりません。その結果、アパートはもちろん、借金をしてまで守ろうとした自宅を金融機関に

差し押さえられることにもなりかねません。実際にそのような事例はいくつもあります。

ですから、首都圏で不動産投資をしようという人こそ、立地の選定には時間をかけることが大切なのです。

首都圏でも立地選びに油断は禁物

右の表は、東京都都市圏の沿線別に、2016年から2035年までの人口の推移の予測をまとめたものです。「夜間人口の増減率」は、田園都市線、京王線、東急東横線、埼玉高速都市線、京葉線・外房線・内房線、東葉高速線で増加しています。

特に注目すべきは、15〜64歳の「生産年齢人口の増減率」です。家賃を支払うのはこの年齢層の人たちが大半だからです。しかし、この数字にいたっては、プラスは田園都市線しかありません。

反対に、人口の減少が激しい沿線を見ると、その減少率の高さに驚きます。

日比谷線・東武伊勢崎線・日光線では、夜間人口の増減率でマイナス23.4%、生産年齢の人口の増減率ではマイナス36.1%にもなります。

ここからあらためてわかることは、首都圏といえども立地の選定は非常に重要だということです。

なかには、私がこのような解説をおこなっても「自分の持っている土地に物件を建てたいから、場所を選ぶことはできない」という人がいます。しかし、これからの時代に、そういった考えに固執していると、非常に大きなリスクを背負うことになります。

所有している土地は、マイホーム用地として売却し、そのお金で賃貸物件に適した場所の土地を購入するという選択など、リスクを小さくする方法はいくつも考えられます。

1つの不動産や土地に固執するのではなく、大きな意味で「資産を守る」という視点を持つことが何よりも大切です。

● 首都圏沿線別の 2005 年から 2035 年の各人口の増減率（予測）

	夜間人口の増減率	生産年齢人口の増減率
田園都市線	20.7 %	6.0 %
京王線	8.9 %	−4.8 %
東急東横線	1.6 %	−7.4 %
埼玉高速都市線	3.7 %	−8.1 %
京葉線・外房線・内房線	5.8 %	−9.8 %
東葉高速線	2.1 %	−10.7 %
東西線	−4.6 %	−14.3 %
東海道線	−6.7 %	−19.1 %
西武新宿・拝島線	−0.7 %	−15.8 %
小田急線	−5.3 %	−19.3 %
京浜急行線	−12.1 %	−23.0 %
中央線・五日市線・青梅線	−6.5 %	−20.9 %
総武・成田・京成線	−12.4 %	−24.6 %
東北・高崎線	−10.8 %	−23.6 %
相鉄線	−10.6 %	−25.4 %
東部東上・越生線	−11.8 %	−25.5 %
浅草・京成・北総線	−13.1 %	−28.6 %
西武池袋・秩父線	−9.6 %	−25.6 %
TX線・常総線	−14.4 %	−29.9 %
常磐線	−18.4 %	−33.0 %
日比谷線・東武伊勢崎線・日光線	−23.4 %	−36.1 %

増↑　将来人口　↓減

参照 国土交通省「東京都市圏における鉄道沿線の動向と東部伊勢崎線沿線地域の予測・分析（4．将来人口からみた鉄道沿線の評価結果）」より一部改変（http://www.mlit.go.jp/common/000997670.pdf）

実践法則	データでわかる
05	**今、手を出してはいけない物件**

利回りだけを比較していると、思いもよらぬ好条件の物件が見つかることがあります。ただし、そういった物件には初心者のうちには思いつかないワナがあるものです。入居者がいても儲からない物件にしないために知っておきたい内容です。

┃入居者がいる＝成功ではない

　投資では、「勝つことより負けないことが大事」とよく言われます。そういう意味で、不動産投資での負け（失敗）パターンを知り、それを避けることは、成果をあげるためには不可欠です。

　では、買ってはいけない物件、手を出してはいけない物件というのは、どのようなものなのでしょう。

　厳密にいえば、手を出してはいけない物件というのは存在しません。

　賃貸需要がまったくゼロ（かつて栄えたリゾート地などではありえる話です）という地域を除けば、どんな物件でもよい条件で買えれば、入居者を確保することが可能だからです。

　極端な例ですが、たとえものすごく田舎であっても、相場より安く買えて、そのエリアで一番低い金額で募集できれば、満室経営を維持することは難しくはないかもしれません。

　ただし、入居者がいれば、賃貸経営は成功というわけではありません。

　需給バランスが崩れている地域に行くと、ワンルームや1DKの賃料が2万円台、ひどいところになると1万円台の物件が見つかることもあります。具体的には、札幌や福岡の築古木造アパートなどですが、これらの物件は収入に対する経費率が高くなり、大変な割にお金が残らないということになりがちです。

　たとえば、エアコンが壊れたときの修理費や、壁紙を交換する費用などは、家賃が8万円の部屋でも、2.5万円の部屋でも変わりません。そのため、安い家賃しかとれない物件だと経費倒れになってしまいます。

狭小物件は危険がいっぱい

　もう1つ注意しないといけないタイプの物件に20㎡を切るような狭小部屋があげられます。こういった物件は、シャンプードレッサーやクローゼット、室内洗濯機置き場などを新しく設置しようとしても、そのためのスペースが確保できず、空室対策をしようにも手の打ちようがありません。

　また、1人暮らしでも、同棲カップルでも、新婚夫婦でも暮らせる2DKなどのタイプに比べて、狭い部屋は入居者が限定されるために、つぶしが利かないという点も弱みです。

　今、人口減少の激しい地方では、賃貸物件全体の相場が下がり、20代の社会人でもファミリータイプの部屋に住めるようになったエリアが増えています。

　そのような場所ではワンルームや1DKへのニーズが激減しており、苦肉の策としてトランクルームにコンバージョンするという例も増えています。

　トランクルームはマンションの多い地域では一定のニーズがありますが、一戸建ての多い地域では成り立ちにくい商売です。ですので、トランクルームへ転換することもままならない場合、オーナーは広告費を上げるなどの空室対策に奔走することになります。

　さらにいうと、下のグラフからわかるように、狭い部屋は、更新率が低いというデータもあります。せっかく入居者が入っても2年後に退去になれば、そこで

● 東京23区の面積別更新確率の推移

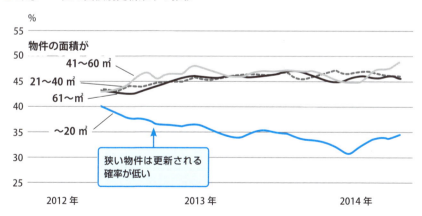

参照　「TAS賃貸住宅市場レポート首都圏版　2014年8月（2．市場競争力の低い20㎡未満の賃貸住宅（東京23区））」より一部改変（https://www.tas-japan.com/pdf/news/residential/Vol56_residential20140828.pdf）

も原状回復費用や広告費がかかってきます。

利回りのよさに気をとられない

当然ですが、利回りだけを見れば、部屋の面積が小さいほうが条件はよくなります。20㎡の部屋で家賃が4万円の場所でも、40㎡の部屋の家賃が8万円になるわけではありません。「おや?」と思うほど利回りの高い売り物件が出てきたとき、延床面積と部屋数で割ってみたら驚くほど狭かった、ということがしばしばあります。

不動産市場が過熱したバブル期につくられた部屋のなかには、13㎡程度のワンルーム物件も珍しくありません。

しかし、子どもの頃から6畳程度の個室を与えられて育った今の若い世代の人たちにとっては、よっぽどの理由がなければそのような部屋を選ぼうとはしないでしょう。

6畳プラス最低限の水周りがついているという部屋では、広さは18㎡程度が必要となります。しかし、このレベルでも収納を十分にとることはかなり難しいはずです。

これらの事実を十分にわかったうえで、「自分は狭い部屋でも埋められる秘策があるから、あえて狭い部屋を狙う」というやり方はもちろんアリだと思います。

しかし、そうではなくその地域で長く賃貸経営をしていくつもりなら、一部の若者が集まるような人気エリアは別として、最低でも25㎡以上の広さを確保することをおすすめします。

「高利回りにひかれて購入したけれど、狭すぎて埋まらない」となれば、本末転倒です。

ただし、戸建てが余っている地方では、貸家などのファミリータイプの物件が極端に多く、1人暮らし用の部屋が不足しているというところも稀にあります。

このあたりの事情については、物件のあるエリアの賃貸需要をしっかりと調査することで、失敗することを防げます。その調査方法については **実践法則12** で紹介します。

36

Chapter - 2

入口が9割？
買っていい物件の選び方

Chapter-1 では現在の不動産投資の市場環境をお伝えしました。必ずしも楽観視できない現状で、今後どのように物件を選べばいいのでしょうか。本章では不動産投資のキモとなる物件選びについて解説します。

実践法則 06　何に投資するか？ 目的に応じた物件選び

何のための不動産投資なのか、という質問をされて答えに窮してはいませんか？　あなたがほしいお金は月々数万円でしょうか？　あるいは百万円の単位でしょうか？　失敗しないためのブレない目的を確認しましょう。

■「何を買うか」よりも「どうなりたいか」

　不動産投資をはじめようと決め、情報収集をするようになると、ほとんどの人が多くの売り物件を前に、「自分は何を買うべきなのか？」と迷うことになります。

　そこで重要なのが、「**不動産投資を通じて自分自身がどのようになりたいのか**」を最初に決めておくことです。

　たとえば、「会社を辞めるつもりはなく、副収入で生活にゆとりを持ちたい」という人と、「どんどん物件を買って1つの事業として育て、将来は独立したい」という人では、同じ不動産投資とはいえ中身はまったく違っていて当然です。「私立の学校に通う子どもの学費に充てる」など、目的がハッキリと決まっている人もいるでしょう。選択肢は無限大にありますので、自分はどのくらいのレベルを目指すのかを、あらかじめ決めておくことが大切です。

　借金はするのか、するならいくらまで許容するのかなども、目安を持ちましょう。借金が嫌いという人は現金で買えるものを探すことになりますし、融資を利用する人は、どんな物件なら融資を受けられるのか、自分に融資をしてくれる金融機関はどこなのかを調べながら物件を探すことになります。融資を受ける場合は、自己資金や年収、勤め先の勤続年数といった、いわゆる属性も関係してきます。

　また、立地についても好みが分かれるところです。しょっちゅう見に行けないのは心配という人もいれば、賃料さえもらえれば場所にはまったくこだわらないという人もいるからです。**不動産投資が面白いのは、いろいろなやり方がある中で、どんなやり方にも成功者がいるということです。**

■自分と似た属性で成功している人を探す

　そのなかから自分に向いている方法を見つけるためには、たくさんの人の不動産投資の手法を学び、自分の目的に合った手法を選ぶことがポイントとなります。

最初から物件の種別を決めてしまわず、まずは区分マンション投資を中心にやっている人、アパートを建てて経営している人、築古の戸建てを買って貸家にしている人、何億円も借金をして規模を拡大している人など、さまざまな投資手法の実践者が書いた本をひととおり読んでみることをおすすめします。

　その手法のメリットやデメリットを理解するのはもちろんですが、こういうやり方をするとこうなるのかという流れやゴールがわかるので、そのやり方が自分の目的に合っているかを見極めることができます。書籍で学ぶと同時に、先輩の大家さんたちが書いているブログを読んでみるのもいいでしょう。

　10年前に不動産投資をはじめた人、つい最近はじめた人、サラリーマン大家、すでにセミリタイアした人など、さまざまな投資家のこれまでの歩みや、実際に買っている物件を見ることで、「この手法は面白そうだ」「これは自分にはできない」「この人は属性が自分と似ている」といった多くの発見があるはずです。自分に似た属性で、自分が目指す場所に到達している人がいれば参考になります。

不動産投資セミナーの選び方

　不動産投資を学ぶ際に、セミナーに行くという方法もあります。このときに気にしてほしいのが、「誰が開催しているか」ということです。

　事業者が主催している「何かを売るためのセミナー」の場合、不動産投資のメリットばかりを強調して、デメリットには触れられないかもしれません。そのようなセミナーに行くときは、「相手の目論見」を知ったうえで、必要な知識を学ぶという意識で参加するのがいいでしょう。相手もプロです。数千万円という高い買い物にもかかわらず、「営業マンにすすめられるままに、物件を買ってしまった」という話は、昔も今も、あちこちで耳にします。

　その点、大家さんたちが集まる勉強会は、安心して参加できるものが多くあります。大家さん同士が集まる会のよいところは、本に出ていないようなちょっとした悩みやわからないことを、先輩に直接相談できるということです。地元の大家さんが集まる会に行けば、その地域特有の問題を質問することや、業者の評判などを教えてもらうこともできるでしょう。

　「生活費のゆとりを求めてはじめたのに、資産価値は高いけれどキャッシュフローが出ない物件を買ってしまった」、「本業が多忙で不動産投資に時間を使えないのに、手間のかかる築古を買って疲れてしまう」というような失敗をしている人は、「最初に読んだ不動産投資の本」、「最初に行ったセミナーの内容」など少ない情報から手法を選んだことが原因になっている場合が多いようです。

実践法則 07 新築と中古のメリット・デメリット

中古物件からはじめるのが常識だった不動産投資も、中古物件の価格上昇にともない、状況は変わってきています。新築を選ぶにせよ中古を選ぶにせよ、大切なことは投資目的に合った物件選びです。選択肢が増えた今、どのような考えで物件を選べばいいのでしょうか。

中古物件が不動産投資のスタートだった時代

　かつて、地主や富裕層ではない、普通の人たちが最初に買う物件といえば、価格がある程度こなれている中古物件が中心でした。

　中古物件には、購入後の修繕費がかかる、融資がつきにくい、入居者のいる部屋の中の状況を確認できないといったデメリットがあるものの、新築物件に比べて割安で、買ってすぐに賃料収入を得られるという点が、初心者にとっては魅力的だったからです。

　逆にいうと、新築物件は当初の入居者が集めやすく、しばらくは修繕費について考えなくてすみ、さらには減価償却を長くとれるというメリットがありますが、何といっても価格が高いですし、土地や建物の知識がないとゼロから手がけるのが難しいという問題もありました。

　そのため、資金にかぎりのある最初の頃は安い中古物件を買い進めて、実績とキャッシュフローが積みあがってから新築に挑戦する、という投資家がこれまでは多かったのです。

どのスタイルにするかは自分しだい

　しかし、最近は様子がずいぶんと変わってきました。

　右のページのグラフからもわかるように、2012年秋以降、不動産投資向けの融資が出やすくなったことで、全国の中古物件の相場が上がり、都内にいたっては、新築物件とほとんど変わりないレベルまで利回りが下がって（価格が上がって）います。

　耐用年数にかかわらず、中古物件でも長期の融資を出す金融機関が登場したこ

● アパート一棟物の投資利回り・価格の推移（全国）

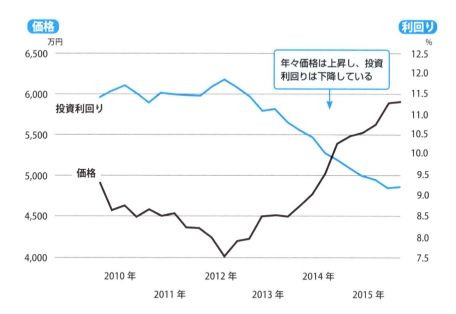

参照　不動産投資情報サイト「健美家」（https://www.kenbiya.com/）に2009年〜2016年に登録された一棟アパートの投資利回り・価格の推移を著者が独自調査

とも、この流れに拍車をかけました。

　こういった投資環境の中、条件がいいとすぐに買い付けが殺到する中古物件と違い、ある程度じっくりと検討することができるうえに、場所を選ぶこともできるという理由から、新築を選ぶという人も増えています。

　私は新築と中古のどちらがよくてどちらが悪いというランク付けをするつもりはありません。それぞれに長所・短所があり、一概に比較はできないからです。ですから、投資家は自分に合った方法、納得のいく方法を選ぶのがいいでしょう。

時間に余裕はあるか

　自分に合った方法を選ぶ基準の1つとして、不動産投資にどれくらい手間と時間をかけられるか、というものがあります。

　手間も時間もほとんどかけられないという人は、新築の建売アパートを買い、

あとは管理会社におまかせというやり方が合っているかもしれません。

逆に、時間に余裕のある人は、割安な中古物件を購入し、手直しして高利回りを狙うということも考えられるでしょう。

自分の得意なこと、苦手なことで決めるのもいいでしょう。

たとえば、中古の建物のコンディションを把握できる人は、修繕したときにいくらぐらいかかるか、この建物の状態だとあと何年くらい持つだろうといった予測が立てやすいので、築年数の経過した物件の中から程度のいいものを選んで運営するというやり方を選ぶことができます。

DIYが得意という人もそれが強みになります。中古物件を自分で直したり、バリューアップしたりすることで、近隣のライバル物件に差をつける人気物件をつくれるかもしれません。

セルフリフォームをすると、建物に対する理解度が深まるほか、自分でやりきれないリフォームを業者に頼んだ際に、価格の妥当性や作業にミスがないかなどがわかるようになるというメリットも得ることができます。

有名な不動産投資家でも、投資規模が数億円を超えているのに、いまだにセルフリフォームをおこなっている人がいます。すでに自ら動くよりも業者に依頼したほうが、金銭面ではメリットがあるにもかかわらず、です。あえて自分でやるのは、やはりそれだけの価値があるからでしょう。

もちろん、中古か新築かという問いでは予算が大きなファクターとなります。

地方ではやはりこれまで同様に中古物件のほうが割安ですから、予算が少ない人は、地方の中古物件からスタートすることになるでしょう。

地方での不動産投資は、東京など人口が多い地域に比べると入居付けに時間がかかるかもしれません。しかし、それでも資金が少ない時点では、高利回りは大きな魅力です。

投資家の多くは中古からはじめて新築へ移行していきますが、なかにはずっと中古を買い続ける人もいます。正解にはいろいろな形があるので、自分自身の特性や目標に合ったやり方を選べばいいのです。

| 実践法則 | アパートを建てるとき、 |
| 08 | どこに頼めばいいか？ |

一口に「アパートを建てる」といっても、ハウスメーカーや地域の工務店などいくつかの依頼先が考えられます。それぞれの特徴をよく理解し、目的に合った施行となるように心がけましょう。

実は正解がない？

「アパートを建てようと思っていますが、一体どこに頼んだらいいのでしょうか？」と質問されることがあります。そのように聞いてくる人たちは、「大手のハウスメーカーがいいのか？　地元の工務店か？　それとも設計士に依頼するのか？」と高い買い物ですから真剣に悩んでいます。これは、非常によく聞かれる質問であると同時に、回答するのには大変に難しい質問といえます。なぜなら「これだ！」と断定できる「1つの正解」があるわけではないからです。

それぞれの特徴を知ろう

では、アパートを建てるときに候補にあがる依頼先について、それぞれの特徴について簡単に説明していきましょう。

1 大手のハウスメーカー

まずは、誰でも知っているような「大手のハウスメーカー」です。

設計や施工の品質はもっとも優秀ですし、そのバラツキも非常に少ないといえます。ただし、手抜き工事や施工ミスはゼロではありません。

残念ながら大手ハウスメーカーの物件でも、欠陥住宅はいつでも一定程度建てられているのが現実です。なぜなら住宅はあくまで手づくりであり、最後は現場で手を動かす職人さんや現場監督さんの力量や意識にかかっているからです。

価格面では、ハウスメーカーはやや高めといえます。いわゆるブランド料や会社への安心料が価格に上乗せされていると考えましょう。

2

入口が9割？
買っていい物件の選び方

43

2 地元の工務店

次に「地元の工務店」。これがなかなか難しいのです。というのも、一口に「工務店」といっても中身はまさに千差万別で、ひとくくりにはできないからです。

意識が高く勉強熱心で、そのへんのハウスメーカーよりもよほど性能のいい住宅をつくっている工務店がある一方で、建築基準法などの法改正も知らず、いまだに昔の基準で堂々と建築してしまう工務店もあります。こういうところは、工事の品質もそれなりです。

また、現場管理が行き届いていて素晴らしい工務店もあれば、現場が乱雑で事故が起こる可能性の高い工務店というのも存在します。それだけ、「工務店」の世界は、個別の見極めが大切なのです。

めぼしい工務店があったら、まずは建築現場を見せてもらうといいでしょう。そのとき、もし建物について知識がなくくわしいことがわからないとしても、心配しないでください。現場の整理整頓の状況を見れば、おおよそのことはわかるものです。建築資材やゴミなどが現場に散乱し乱雑なところ、汚いところは、工事の中身もそれなりです。**現場の整理整頓の具合と工事の品質は比例の関係にあるのです。**これは不思議と外れませんが、考えてみれば当たり前です。乱雑な現場から、いい建物がうまれるわけはありません。特に、現場においてある仮設ト

● 工事現場の整理整頓の具合をチェックする

建築資材が整理されているか、ゴミが散乱していないかなどのほか、仮設トイレも参考になる

イレなどをのぞいてみると参考になると思います。

　そのほかに、会社としての資金的な体力を見極めることも重要です。建築中などに倒産してしまってはたまりません。一部の体力のある工務店と、そうでない大半の工務店とにはっきりと色分けされていますから、ぜひ財務面をチェックしてみましょう。

　所在地の都道府県庁に申し出れば、建設業免許を持っている業者の財務内容がチェックできるようになっています。

3 設計士

　最後に「設計士」。これも一言でいえば工務店同様、千差万別です。コスト意識が高く、現場管理まで含めた建築全体のプロデュースをきっちりとやってくれる人もいれば、あくまで自分の「作品づくり」にこだわり、デザイン優先でコスト無視、しまいにはとんでもない住宅ができあがってしまうこともあります。実際にデザインを優先しすぎて雨漏りをするような「デザイナーズマンション（アパート）」を、これまでたくさん見てきました。

　デザインは、物件の競争力を備えるという点では重要な要素に違いありませんが、メンテナンス性がないがしろにされていれば問題です。

　メンテナンス性とはイコール「点検や修繕のしやすさとコストパフォーマンス」です。物件の形が、メンテナンスのしづらい、あるいはコストのかかりすぎるものだと、アパート経営のコストに大きく響きます。

　建物というのは基本的に「直方体」がベストといえます。建築費やメンテナンスのことを考慮すると、シンプルな形が一番いいのです。「シンプルな形なのにデザイン性が高い」というのが優秀な設計です。

個別の見極めがいいアパートづくりの第一歩

　ここまで見てきたように、「アパートを建てるときどこに依頼する？」という質問に対する答えは「ケースバイケース」で「どれが絶対にいいということは、ない」という結論になります。それぞれの傾向や特徴を把握したうえで、あとは個別の見極め、また現場での施工をしっかりチェックすること。間違いのないアパートを建てるには、このプロセスは必須です。

2
入口が9割？買っていい物件の選び方

45

実践法則	30年安心はウソ？
09	サブリースの落とし穴

物件を購入する際に注意が必要なのがサブリース契約です。入居者の有無にかかわらず家賃収入が保証されるのは大変魅力的ですが、メリットばかりではありません。問題のある契約もありトラブルも多くなっています。

空室リスクがなくなる？　サブリースのしくみ

　サブリースとは、オーナーの空室リスクをカバーするために、業者が「保証」のような形で、部屋を借り上げてくれる制度のことをいいます。その業者は借り上げた部屋を別の入居者に貸して、差額分を利益にするというスキームです。

　これだけ見ると、「空室リスクがなくなるなんて、なんて素晴らしいしくみだろう」と思う人もいるかもしれません。

　しかし、サブリース会社がオーナーに保証する家賃は通常、相場の80％程度の水準です。ということは、相場で満室経営をした場合に比較して20％家賃が少ない、つまり、20％が空室の状態と同じ家賃しか得られないことになります。

　20％の空室を多いと感じるか少ないと感じるかは人それぞれですが、私は多いと感じます。

　なぜならたとえ築古の物件であったり、駅から距離がある不利な物件であっても、さまざまな工夫を凝らすことで、入居率95％以上を維持している大家さんはたくさんいるからです。

　また、残念ながらサブリース業者のなかには、悪質な業者が少なくないといえます。

　「家賃30年保証」といったセールストークで、リスクのないアパート経営を謳い（そんなはずはないのですが）、自社の物件を売ろうとする事業者があとをたたないのです。

　こういった会社は、建築費が高いのが特徴です。会社からオーナーに支払う借り上げ費用がマイナスにならないように、最初の段階で大きな利益を得ようとするためです。つまり、オーナーが家賃保証と思っている賃料は、最初に自分が建築費として支払ったお金と考えられるのです。

　彼らは自社でアパートを建ててもらうために、「30年間保証料が変わらない」

46

● 一般的なサブリースのしくみ

ことをアピールしますが、実際には新築時と同じ条件で家賃が30年もの長きにわたって保証されるはずもなく、2年ごとの更新のたびに、見直しが入るのは必至です。

なかには、テレビや洗濯機、冷蔵庫などの家財道具一式もリース契約となっている契約形態もあるのですが、この契約の場合、家賃保証が解除になると、家財は自動的に引き払われてしまうといいます。

さらに、保証期間が切れた途端に、事業者が入居者に対し、ほかのアパートへの引っ越しを促すという例すらあります。

しっかり情報収集が必要

これらは、法的には問題ないのでしょうか？ 実は、サブリースは「宅地建物取引業法」の枠外であるため「賃貸住宅管理業者登録制度」も義務付けられていません。あくまで任意登録であり、罰則規定もないのです。

また、賃貸住宅経営をする大家さんは一般に「事業者」とみなされ、「消費者契約法」も適用できないとされています。つまり、保証賃料が下げられたり、契

● 問題のあるサブリース契約

約を解除されたりして、「話が違う」と怒っても、どうにもならないということです。
　Chapter-1で、新築アパートが増え、需給バランスが崩れているという話をしましたが、それを後押ししているのが、このサブリース契約です。
　何千万円、何億円という多額の費用がかかるアパート建築ですから、失敗すれば、大きなダメージを受けることになります。それにもかかわらず、アパート建築が止まらない現実は、「サブリースのからくり」を知らず、セールストークを信じてしまう人たちがいまだに多く存在するからなのです。
　大きなお金が動くにもかかわらず、契約書をよく精査することなく契約をしてしまう人があとを絶たないという実状に、残念な気持ちになります。
　「営業マンが何度も足を運んでくれて、とてもいい人だったから」。
　サブリース契約を結んだ人から、こんな理由を聞くことがありますが、その営業マンは自分がアパートを売った大家が賃貸経営で失敗したときに、責任をとってはくれません。人情にほだされるのではなく、経営という視点で、本当に成り立つのかを判断する必要があります。
　ここまで厳しいことを話しましたが、なかには、良心的なサブリース会社もあります。また、中古物件でも借り上げてくれるという会社もあります。

本業が忙しくて、賃貸経営のことを考えている時間がないという大家さんや、相場の8割の価格でも2年間だけでもかまわらないから、安定したお金が入ってくることを望むという人は、そういったサブリース会社を選んで、利用するのも一案です。

　しかし、契約をするなら、ここで述べたように相手側から契約を解除されたり、借り上げ賃料のダウンを提示されたりすることがあるということは理解しておいてください。

　また、サブリース会社が倒産する事例もこれまでに複数報告されていますので、依頼するならその会社の経営状況なども確認したほうがいいでしょう。

　私は2015年5月にNHKの番組に出演した際に、このサブリースの問題をとりあげました（ 参考 http://www.nhk.or.jp/gendai/articles/3648/1.html）。その後、全国的にこの話題が大きくなったこともあり、国が実態調査に乗り出すことになりました。その結果として「サブリース契約のときには、そのリスクを十分に説明すること」といった制度改正が決まりました。

　ただ、私はこれでサブリースのトラブルが減るとは思いません。

　投資家の皆さんには、サブリースについてしっかりと情報収集をし、落とし穴に落ちないよう気をつけてほしいと思います。

実践法則 10 少額からはじめて不動産投資のしくみを理解する

月々のキャッシュフローの目標を数十万～数百万円とするといきなり一棟物にチャレンジ、と考える人もいます。その方法でも以前に比べると成功しやすい環境が整ったのも事実です。しかし、やはり少額からスタートすることをあえておすすめします。ここではその理由をお話ししましょう。

少額の物件からスタートする理由

今の時代、不動産投資に関するノウハウについては、融資のことも含めて、ネットや書籍などで幅広く学ぶことができます。そのため、早く大金を得たいと考えている人たちのなかには、融資のつきやすい物件を買うなどして、最初から1億円を超えるような物件を買うケースも珍しくありません。

しかし、何ごともそうですが、スタート時にはまだ知識も人脈も万全ではありません。実績を積んだ不動産投資家たちも、「今なら、1棟目に買った物件は買わない」「あの頃は何もわからなかったから買ってしまった」と口を揃えるものです。

また、融資がつきやすく管理もしやすい築浅物件というものは、ベテラン投資家たちも常に狙っているために、競争が激しくじっくりと選ぶことができません。そもそも、バブル経済が崩壊して以降、しばらくの間、新築が減った影響で、築浅の一棟物は、市場に出回る数自体が多くないということもあります。

そのような環境で、短時間の調査で購入に値する物件かどうかを判断できるノウハウがない初心者は、買ってはいけないダメ物件を買うリスクが高まります。高値掴みをしたり、予想以上に修繕や維持コストのかかる物件を取得してしまったりして、あとになって苦労している投資家も多いようです。

不動産業者の仕事は購入者を儲けさせることではなく、物件を売って手数料を得ることです。ですから、「この物件は失敗するだろう」とわかっていても、「やめておいたほうがいい」とはいいません。

金融機関も同じです。バブルの頃に不動産の融資を担当していた銀行マンのなかには、「今だから言えるけれど、融資物件がすぐに破綻するとわかっていても、自分の成績を上げるために融資を出していた」と話す人もいます。

いきなり多額の借金をしない

たとえば都内なら、**融資を受けて投資ができることは不動産投資の大きな強み**ですが、**それは借金を無理なく返していけることが前提です。**

空室が思うように埋まらなかったり、予想外の修繕費がかかったり、賃貸経営がうまくいかず返済ができないということになれば、本業の給料から返済分を支払うことになり副収入どころではなくなってしまいます。

あまり表には出てきませんが、そのようなケースは決して珍しいことではありません。いうまでもなく、借金の額が大きければ大きいほど、失敗したときのダメージは甚大です。

そういう意味で、初心者は少額からスタートして、入居付けやリフォームなどをひととおり経験してから規模を大きくしていくほうが、リスクを抑えられますし、長い目で見れば成功に近づけるといえるでしょう。

まずは区分マンションから

たとえば都内なら、区分マンションの投資からはじめるのも一案です。

区分マンションは売買の取引数が一棟物に比べると圧倒的に多く、不動産の中で最も流動性が高いといわれています。株式投資でいうと、いわゆる「板が厚い」状態といえます。

また、相場もある程度固まっているため、買ったときから、このくらいの値段で売れるだろうという見込みが立てられます。そのため、「買わなければよかった」「やっぱり自分には不動産投資は向いていないから手を引こう」となった場合にも、ある程度、買い値に近い価格で売れる可能性が高いのも魅力です。

注意点として、不動産投資で規模を拡大していくには、区分マンション投資は時間がかかります。

ですから、キャッシュフローで数十万円、数百万円という規模を目指すなら、本来は最初から一棟物を手がけたほうが目標には早く近づけます。

しかし、前にも述べたように、自己資金も人脈も少ない初心者に優良な物件の情報がまわってくる可能性は少ないという現状があります。どんなに知識が豊富でも、不動産業者や金融機関からは初心者として扱われてしまうということを考えると、できるところからはじめて実績を積むということは大きな意味を持つといえます。

「ほしい人」と「買った人」の大きな差

不動産投資人気の高い昨今、「物件をほしい」という人はたくさんいます。しかし、その中で実際に買える人は一部です。

「ほしい人」と「買った人」との違いは、紙一重のようで、実際には大きなものなのです。**これは実際に物件を持ってみるとわかるのですが、どんなに書籍やブログで熱心にノウハウを学び、先輩投資家のあとを追っても、実際に自分の身銭を切って物件を買った人と1度も物件を買ったことのない人との間にある大きな差は埋めきれません。**

たとえ少額の小さなアパートでも、区分マンションでも、購入してみてはじめて「不動産投資」という土俵に上がることができますし、そこでしか得られないものも多いのです。

先輩の不動産投資家たちも、これから物件を買いたい人と話すときと、実際に物件を買った人と話すときとでは、教えてくれる情報やその精度が大きく変わってきます。

万が一失敗してもリスクの少ない範囲で一歩を踏み出し、そこから徐々に歩みを進めるというやり方は、今の市場で成功するために理にかなった方法といえるのではないでしょうか。

実践法則 11 怪しげな節税対策物件に要注意

不動産物件のなかには、住まいや投資を目的としたもの以外にも一部の人をターゲットにした節税を目的とした物件もあります。儲からないだけではなく、大きな損をしてしまう危険な物件も含まれています。また、これらに手を出したために本当に必要な融資を受けられないケースなどもあります。

■低利回りワンルーム投資は儲からない

不動産投資にはさまざまな手法があり、それぞれの分野に成功者がいるとお話ししました。しかし、1つだけ例外があります。

それは、節税対策を謳った低利回りワンルーム投資です。この投資法は、毎月の収益性を期待する人にとって、ほとんどの場合、期待はずれに終わります。

簡単に説明すると、主に東京都内に建てた投資用ワンルームマンションで、利回りは4～5%であることが多く、管理費・修繕費などの経費を引くと、キャッシュフローがほとんど出ません。プラスにならないだけでなく、キャッシュフローがトントンや、マイナスということもあります。

立地は悪くないし、建物も見栄えがいいことが多いので、入居率は90%後半をキープすることが通常です。新築なので融資もつきやすく、なかには頭金がたった10万円でも2,500万円のローンを組めるようなスキームとセットで売っているような会社もあります。 実践法則09 で紹介したサブリース契約をつけられるケースも一般的です。

彼らのターゲットは、不動産投資についての知識がないお金持ちです。

公務員や上場企業のサラリーマンで、「税金が高くて参っちゃうな」と思っているような人が主な購入者となります。

医師の名簿に片っ端から電話をかけるなど、プッシュ型の営業をしているところが多いのも特徴です。

「赤字の不動産を持つことで、所得税が戻ってくるので節税対策になる」「ローンが終われば、家賃がまるまる入ってくるので年金代わりになる」「あなたのような立派な方は東京にマンションの1つくらい持っていてもおかしくない」というのが典型的なセールストークです。

● 儲からない低利回りワンルームの例

【物件例】

　毎月のキャッシュフローを目的に不動産投資をはじめたいという人から見れば、「どうしてこんな物件を買う人がいるのだろう？」と感じるかもしれません。
　たとえば、上のような物件の場合、経費のさほどかからない新築時から毎月のキャッシュフローがマイナスとなってしまいます。右のシミュレーションを見ればわかるように、新築から10年目頃には、大規模な修繕などによりさらに経費がかかるうえに、賃料も下がることが一般的です。こうなると、収益の悪化はさらなるスピードアップをもってせまってきます。
　しかし、販売する側もそのあたりは心得ています。
　2020年の東京オリンピック開催が決まって以降は、「海外の投資家が日本の不動産を高く買っている。2020年に向けて売却益も期待できる」などといい、背中を押すことも多いようです。

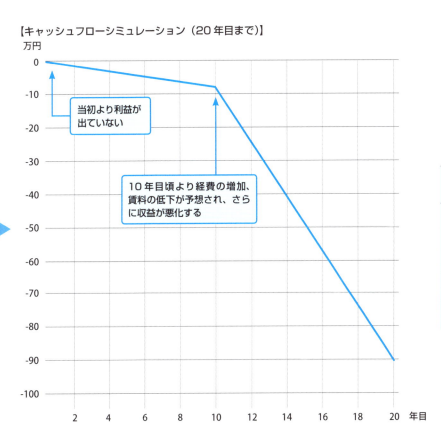

　一時期は低迷していた投資用ワンルーム物件ですが、その売れ行きは、2016年以降、また盛り返している様子です。このような物件を扱う業者には、アベノミクスの恩恵が届いているといえるのかもしれません。

あくまでもキャッシュフローが目的

　こういった低利回りの新築ワンルームマンションを買った人たちの動向を見ていると、年を追うごとに持ち出しが増え、数年後には持ち続けられなくなり、結局は損切りして売るという人が多いようです。

　驚くべきことに、その「売りたい人」を狙った2次市場がまた別にあり、中古のワンルームを扱う不動産会社が、謄本をあげて持ち主に電話をかけ、安く買い

叩いています。

　不動産を見ないで買った人は売却の際も、見ないで売ることが多いため、比較検討もせず、電話だけで決める持ち主も少なくないようです。

　このような買い方をする人は、結局、何を買って何を売ったのかよくわからないまま、最後は損をして終わることになります。

　私は以前、このような新築ワンルームマンションの販売会社の社員と話したことがあります。私がどれだけデメリットを伝えても、まったく聞く耳を持とうとしないばかりか、自分でも自社の物件を買っていて家族を住まわせているということでした。

　もちろん、投資用としてではなく、物件を気に入って家族が住む、事務所として使うといった自己使用なら、何の問題もありません。あるいは、自身の資産ポートフォリオのバランスをとることを目的として、現金や株式といったペーパー資産に加え、実物資産としての不動産保有といった観点の投資ならOKでしょう。

　しかし、あくまで不動産投資として購入するなら、このような物件は慎重に検討する必要があります。

投資の目的を忘れずに失敗を避ける

　失敗を避けるためには、自分が何のために不動産投資をするのかを、常に意識することが重要です。「節税ではなく、月々のキャッシュフローを得ることが目的だ」ということがわかっていれば、迷わずに断ることができます。

　また、わからないこと、不安なことについて、不動産投資の知識のある人に相談する習慣を持つことで、防げることでもあります。

　最初にこのような物件を買うと、次にほかの物件を買おうとしても融資がつかないなど、後々まで影響をおよぼすこともあります。「ワンルームマンションを3つ購入し、住宅ローンがつかなくなった」という例もありますが、こうなると物件1つの問題ではなくなってしまいます。いざ売ろうにも、大幅に値段が下がっているため、損を出さずに売却することは容易ではありません。

　「不動産投資なんてしなければよかった」ということにならないよう、知識が不足した状態で、このような物件に引っかからないようにしましょう。

実践法則 12

ライバルに打ち勝つ物件の探し方・買い方

物件選びのポイントは、ライバルが目にしにくい情報が見つかる検索サイトと実際に購入する際の指値の入れ方です。ここでは、ほしい物件を「見つけて」「買える」方法をお話しします。

利回りのいい物件は自分でつくる

　実際に物件を探すとき、初心者の多くはインターネットの検索サイトを使うことになると思います。**私のおすすめは、「不動産ジャパン」（http://www.fudousan.or.jp/）です。**

　不動産会社は売りたい物件や貸したい物件が入るとまずはREINSに登録して、ほかの不動産会社に情報を公開します。

　そのとき、「不動産ジャパンにも同時登録しますか？」という項目があり、「登録する」を選ぶと、すぐにサイト上に掲載されます。

● 不動産ジャパン

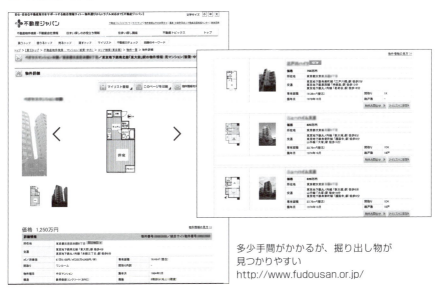

多少手間がかかるが、掘り出し物が見つかりやすい
http://www.fudousan.or.jp/

2 入口が9割？ 買っていい物件の選び方

つまり、不動産業者に情報が行き渡るのと同時に、不動産ジャパンにも登録・掲載されるため、新しい情報を得やすいのです。問い合わせを入れるときのコツは、躊躇しないということです。初心者は特にそうですが、気になる物件があっても、「相場より安いのは、何か問題があるのかもしれない」などと考えているうちに時間が経ってしまい、結局、問い合わせを入れないということがよくあります。しかし、パソコンの前でいくら考えていても、答えは出ませんし、何も進展しません。「問い合わせを入れたら買わなければいけない」ということはないのですから、積極的に問い合わせを入れて、物件を見に行き、不動産を見る目を養っていきましょう。

　また、不動産ジャパンは大まかな情報しか掲載されないという特徴があります。

　たとえば、利回りや戸数などの入力が必須ではないので、細かなデータまで紹介されているサイトと比べると、ほしい物件を探すのに少し手間がかかります。

　これは一見、ネガティブな特徴に感じますが、実は、自分だけの掘り出し物を探しやすいということにつながります。

　パッと見ではわからないけれど、よく見ると、「あれ？　この物件、計算してみたらけっこう利回りが高いぞ」「この土地の広さでこの価格はお買い得だ」といった物件が隠れていることがあるからです。

　利回りや平米単価が一目瞭然のサイトでは、こうはいきません。

　しばしば「ネットに出ている物件にいいものはない」という人がいますが、決してそのようなことはないと思います。実績のある投資家でも、いまだにネット検索は欠かさないという人も数多くいます。

　上手に買えている人は、未公開物件や川上物件にこだわらず、広く公開されている情報の中から自分の理想に近いものを選び、そこからうまく交渉したり、相談したりしながら、商談に持ち込むものです。

　「利回り10％のものが出ていない」といってあきらめるのではなく、利回り8％や9％のものから価格交渉ができそうなものを選び、利回り10％の物件を「自分でつくり上げる」という意識が大切です。

周辺環境のチェックポイント

　購入を検討したい物件が見つかったら、内覧のために現地に出向くことになります。

　そのときに実行してほしいのが、駅から建物までの道のりを実際に歩いてみるということです。

不動産会社の出している情報がいつも正しいとはかぎりません。徒歩10分と書いてあっても、実際に信号や踏み切りがあって歩いたら15分かかった、ということはよくあります。

また、バス便の建物ならバス停からの時間や、バスがどのくらい頻繁に来るのかを確認しておきます。バスの本数は、それを利用する人にとっては、生活のしやすさにかかわる非常に大切なことです。ですから、この部分が弱いと、入居付けにダイレクトに影響を及ぼしてしまいます。

住む人の視点で考えるという点では、近隣にネガティブ要素になる施設がないかをチェックすることも欠かせません。

具体的には、以下のような施設は一般的に敬遠されることが多いといえます。

> ゴミ焼却施設、下水処理場、火葬場、葬儀場、刑務所、ガスタンク、火薬類の貯蔵所、危険物を取り扱う施設、悪臭・騒音・震動などを発生させたりする工場、高圧線鉄塔、高圧線の下、墓地、ガソリンスタンド、反社会的団体の事務所、養豚場や養鶏場、線路、宗教施設、ゴミ屋敷、大気汚染や水質汚濁・土壌汚染の原因となる施設、風俗店、大型車両の出入りが多い施設

これらが1つでもあったらNGというわけではありません。特に、シングル向けの物件では、ほとんど気にしないという人も意外と多くいます。大切なのは、調査をおこない、もし買うのなら、わかったうえで買うということです。

周りの環境を知るためには、実際に物件の周囲を歩いてみるのが一番ですが、そのほかにおすすめなのが、近所の人にヒアリングをすることです。

「このあたりに引っ越してこようと思っているんですが、治安はどうですか?」「子どもがいるんですが、学校の評判はどうですか?」(ファミリー物件の場合)など、近所の商店などで質問してみると、思いがけないことを聞けることがあります。**マイナスの情報だけでなく、プラスの情報もあわせて聞くことで、物件の本当の価値を知ることにつながります。**

ほしい物件を手に入れられる大家さんになる

時間をかけてインターネットで物件を検索して、いい物件を「見つける」ことが、イコールいい物件を「買える」ことにはつながらないのが不動産投資の難しいところです。

私が見てきた成功している大家さんの特徴として、不動産業者さんとの付き合

いが上手いということがあげられます。今のように売り手市場で、競争が激しい中では、情報を持っている側に「この人に紹介してあげたい」と思ってもらうことが大切なのです。

　私の経験からも言えることですが、営業マンはいい物件が手に入ったとき「誰に買わせてあげようかな」と頭の中でお客さんの顔を思い浮かべます。そして、買わせてあげたい順番に連絡をしていくものです。

　では、どんな人がそのようなお客さんかというと、次のようなことができている人です。

---

❶ 自分のほしい物件の条件を明確に伝えている
❷ 買える力がある（現金を持っている、融資のメドがついている）
❸ 物件を紹介してもらったら、なるべく早く結論を出してレスポンスをする
❹ ダメな場合にはどういう理由でダメなのかを伝える

　これらを意識すると、担当者に、「本気度」が伝わって、頭の中のリストの上位にランク付けされることになります。

　それ以外に、「その人がその物件を買ったあと、幸せになることをイメージできる」ということも大切でしょう。また、人間対人間の話ですので、物件を紹介することで喜んでくれる人、感謝してくれる人、そのあとのお付き合いでもトラブルになりそうにない人、ということも重要な要素です。

▌買える指値の入れ方

　指値をするかしないかは、自分がどのぐらいの条件で買いたいのかという基準により決まってきます。いくらいい物件でも、自分の基準を大きくゆるめることはしないほうがいいでしょう。

　売りに出ている価格は売り主のとりあえずのオファー価格にすぎません。ですので、指値を入れること自体は悪くはありません。

　しかし、まだ売り出されてから数日しか経っていないのに大幅な指値を入れたり、買うかどうかもわからないのに、「値引き可能ですか？」と質問したりするのはあまりにも失礼です。

　「買わせていただきたいのですが、価格の相談をさせてもらうことができますか？」と売り主の気持ちも考えながら、交渉の余地があるかどうかを探りましょう。売り主が500万円くらいは平気で値引きするつもりなのか、「1銭も値引きしないよ」と考えているのか、あるいは「今は引かないけど来月になったら引に

● 物件の価格交渉には2つの理由しかない

うと思っている」のかは、まずはコンタクトをとってみなければわかりません。

まれに、売り主を怒らせてしまう人がいますが、そうならないためには、指値を入れる理由を次の2つの視点から伝えることが重要です。

1つは、**この物件を運営していく場合、将来性を考えるとこのくらいの修繕が必要なので、その分を考慮していただきたい、というような物件に関する説明**。もう1つは、**自分自身がどのくらいの資金を持っていて融資はこのくらいつきそうで、この物件を買うことでどうなりたいか、というような内容**です。

このとき、私も家族もこの物件がとても気に入ったので、もし買わせていただいたら大事に直しながら長く使わせていただきます、といった「思い」を伝えるのも意外と効果があります。

断られても、落ち込む必要はありません。淡々と、自分の基準に合った物件が買えるまで、行動を続けていきましょう。

実践法則 13

人口推移からは見えない 真の賃貸需要

データだけでは見えてこない賃貸需要があります。物件を購入する際は、やはり現地に足を運び、空気を感じることが重要です。意外な落とし穴に気づくこともあります。

賃貸ニーズを知っているのは街の不動産屋さん

1つ駅が違うだけで、賃貸ニーズは大きく変わります。たとえば、ファミリー向けの戸建てがまったく供給されておらず、そこで空き家が出るとどんなに古い家でもすぐに申し込みが入る、というような駅があります。マンションは余っているのに、戸建てがまったく足りないのです。

同じように、駐車場付きの物件が足りない、ペット可物件が足りない、外国人の入居可物件が足りない、といったケースもよくあります。そのような需要と供給のギャップをつくことが、賃貸経営で成功する基本といえます。

しかし、そのような現場の状況は人口推移や自治体の方針などを見てもなかなかわかるものではありません。やはり、現地に足を運び、街の様子を見てみるのが一番です。

狙っている駅に降り立って、その周辺の不動産屋さんの広告を見てみたり、あるいは具体的にヒアリングしてみましょう。

● 不動産屋さんへのヒアリングで使えるおすすめフレーズ

ほしい物件が決まっていない場合

● 「この辺りで今、物件を探していているんですが、この地域の市場のニーズはどうでしょうか？」

● 「御社の管理物件の入居率はどのくらいですか？」

ほしい物件が決まっている場合

● 「この物件なんですが、いくらの家賃設定なら決まると思いますか？」

という感じで、物件を購入した場合には管理を任せることをにおわせながらヒア

62

リングしてみると、意外とていねいに答えてくれるものです。

　ただしこのとき注意したいのが、1軒の不動産屋さんだけに聞いて結論を出さないことです。可能であれば、3軒以上は回って、意見を聞くことが望ましいでしょう。

　「本当に正直に答えてもらえるの？」と疑問に思う人もいるかもしれませんが、その点はあまり心配はいりません。

　不動産会社でも実際に管理を任されたときに「あのとき、この家賃ならすぐ埋まるっていっていたのに、どうなっているんだ？」といったトラブルにならないよう、手堅い家賃設定を伝えてくることが多いようです。

　「去年、大型スーパーが撤退してから、どんどん人が減っているから、買うのはやめたほうがいい」「その物件は1人変わった人が住んでいて、入居してもみんな、すぐ出て行ってしまうよ」というようなリアルな意見を聞けることもよくあります。

　注意点としては、繁忙期の土日など、忙しいときは避けること。また、ちょっとした手土産を持っていくなどの気遣いを忘れないようにすることです。

実際に物件を見る際のポイント

　不動産会社のヒアリング以外に、その街を歩いてみることも大切です。

　物件が特定されているなら、駅から物件に行くまでの道のりを歩いて雰囲気を感じてみたり、コンビニやスーパーなどの生活に便利な施設が揃っているかを確認したりすることも大切です。

　特に男性に多いのですが、物件のスペックや利回りばかりを気にして、生活のしやすさや交通の利便性・安全性といった部分に気が回らない人がいます。

　しかし、自分がこれから生活する部屋を決めるとき、多くの人は駅から家までの間に幹線道路や踏切などの時間がかかりそうな場所はないか、近くに子どもが遊べるような公園はあるかなど、毎日の生活のことをイメージしながら、快適かネガティブな要素がないかどうかを考えています。

　これは実際にあった例ですが、都内の人気エリアにあるマンションを買った人が、部屋もキレイだし、家賃も高くないのに、長い間入居者が決まらず、どうしてだろうと思っていたところ、リビングの窓からラブホテルが見えていたのが原因だった、ということがありました。

　特に女性の場合には、ラブホテルのネオンがまぶしいような部屋では、友人・知人を家に招くこともできないと、それだけで家さがしの候補からは外されてし

2

入口が9割？
買っていい物件の選び方

63

●周囲の環境のチェックポイントの例（1人暮らし用物件の場合）

〈利便性〉

項目	ポイント
買いもの施設	普段の買い物に便利な施設はあるか、営業時間や品ぞろえ、価格なども確認。1人暮らしの場合は、コンビニがあればOKという入居者も
病院	普段通いやすい病院は近くにあるか。夜遅くまでやっているか
公共機関・その他	役所や銀行・ATM、郵便局などは近くにあるか

〈交通環境〉

項目	ポイント
最寄駅	最寄駅やバス停、利用できる交通機関は。始発・終電の時間も
交通量	通勤道路の渋滞などはあるか。家の前の道路の交通量はどうか

〈地域環境〉

項目	ポイント
周辺環境	南側に空き地や駐車場がある場合、何か建設される計画はないか
住環境に影響を与えそうな施設	工場や倉庫、夜遅くまで営業する施設など、住環境に影響を与えそうな施設がないか
治安状況	夜、女性一人でも駅から物件まで安全にたどり着けるか
騒音やにおい	外に出たときに、特に気になる大きな音や、目立ったにおいがないか
近隣コミュニティ	共用のゴミ置き場や自治会の掲示板などが荒れていないか
エリアの雰囲気	周りを歩いてみて、街の雰囲気をチェック

参照 「SUUMO（周辺環境の基本チェックポイント）」（http://suumo.jp/article/jukatsu/konyu/kengakupoint/488/）より一部改変

まいます。

　このようなことを防ぐためには、たとえ物件の敷地内に入れなくても、物件の近くを歩いてみるだけでいいのです。

　これはマイホーム購入でも投資用の物件購入でも同じですが、理想としては平日と祝日、昼と夜の4つのパターンを確認できるといいでしょう。土日に見に行ったときはわからなかったけれど、平日に行ったら物件の前が抜け道として使われていて危険だったとか、近所の施設が思った以上に騒がしいなど、新しい発見があるかもしれません。

物件にはどんな人が住んでいるか

物件にどんな住人が住んでいるのかを想像する方法として、「その界隈にあるスーパーのお肉屋さんに行く」という方法があります。

どこのスーパーでも、地域によって置いてある肉が全く違うため、肉の価格を見れば、その街にどのような人が住んでいるのかをうかがい知ることができるのです。もちろん、近所に古くからある商店街があれば、買い物をしながら、どんな街なのか、どんな人が住んでいるかを感じ取れます。

また、物件やその周辺のゴミ捨て場にあるレジ袋を見て、普段どんなところで買い物をしているかを推測することもできます。

シミュレーションで見えてくる間取り

物件が決まっている場合は、その間取りが住む人に選ばれやすいかどうかを気にすることも大切です。なぜか入居者が長く住むことがなく、すぐに出ていってしまう部屋というのは、原因を調べると住みづらい間取りのせいだったということがよくあります。

ここにテーブルを置いて、テレビを置いて、冷蔵庫を置いて……、といったシミュレーションをしてみると、「どう考えても収納が足りない」とか、「このロフトはエアコンの風が届かないから、夏は暑くて寝られないだろう」といった問題点が見えることもあります。

「自分が住むための物件を選ぶときは、そんなことは気にしなかったよ」という意見もあるかもしれません。しかし、時代は変わっています。ましてやこれまでお話ししてきた通り、**不動産投資の競争が激しくなる中では、最初からマイナス要因の多い物件は避けることが大切です。**

もちろん、すべて理想の物件を、希望の価格で買えるということはないので、どこかで妥協することは必要です。しかし、真の需要を把握して、「これは外せない」という部分を決めたうえで、それに近い物件を探すことはできるはずです。

実践法則 14

マンションの修繕積立金を確認する方法

区分マンションを購入する際は、入居者全員が負担する修繕積立金や管理費が滞納されていないかをチェックする必要があります。滞納額しだいでは、苦労の割に儲からない物件になってしまいます。

修繕積立金・管理費の滞納はないか

区分マンションを購入する際に、チェックすべき箇所として以下があげられます。

❶ 購入対象となる部屋に関する修繕積立金や管理費の滞納の有無

❷ 一棟全体における修繕積立金の額

❸ 一棟全体における修繕積立金の滞納額

以上の３点です。

まずはじめに、❶**購入対象となる部屋に関する修繕積立金や管理費の滞納の有無**から見ていきましょう。

もし、購入対象となる部屋に滞納があるままで購入してしまうと、その滞納金の債権者は、売り主だけでなく買い主にも請求が可能となります。買い主であるあなたにその請求がこないように、購入対象の部屋に滞納がある場合は、引渡しまでに必ず解消しておいてもらう必要があります。

次に、❷**一棟全体における修繕積立金の額**ですが、この修繕積立金が十分でない場合、必要な修繕がおこなえず、建物がどんどん傷んでしまいます。かといって、この金額が多ければ多いほどいいかというと、そうとも言い切れません。何千万円も積み上がっているから……と安心していたら、実はずっと修繕がされていなかったということもあり得るからです。

さらに、チェックが欠かせないのは、❸**一棟全体における修繕積立金の滞納額**という問題です。

長い間放置され、その額が積み上がっている滞納がある場合、管理組合がしっかりと機能していない可能性がありますし、本来なら入ってくるお金が入ってこないことによって、修繕がままならなくなるリスクも増えます。

66

この問題は、郊外のマンションやリゾート地にあるマンションで、すでに表面化してきています。ひどいものでは、何千万円も滞納されているケースもあり、そうなるともう回収できる見込みはほぼないといえます。

　通常ならば破産管財案件などでマンションが売りに出された際、管理組合は売買代金から優先的に修繕積立金を回収することができるのですが、滞納額が売買代金以上になるとお手上げだからです。

　たとえば、5,000万円の積立金があるべき物件で、滞納が500万円あったとします。これを回収しきれなかった場合は、積立金は4,500万円に減ってしまいます。

　それも、帳簿上は5,000万円なのに、実際にあるお金は4,500万円しかないという状況ですから、滞納金の回収見込みがない場合は、結果的に償却するしかありません。

滞納物件に回収のメドがあるのかが問題

　では、滞納のある物件は絶対に買わないほうがいいか？　というとそうではありません。判断の基準はその金額によります。

　たとえば100戸あるマンションの場合、そのうちたった1軒で1カ月分の滞納があった、その理由が預金通帳にたまたま残高がなくて引き落としができなかった、というものなら深刻な問題とはいえないでしょう。

　しかし、決まった入居者がずっと滞納を重ねているという場合は厄介です。

　もし、特定の人が滞納を続けているのであれば、それに対して管理組合はどのような回収計画を持っているのかを質問してみるといいでしょう。無策ならば、状況はそれ以上の改善は期待できません。

　いずれにせよ滞納のある物件で、その滞納金が回収できないものであれば、所有者全員でこの不足分を負担せざるを得ないことになります。

　これらは、すんなりと回収できるケースは少ないため手間や心労がかかるうえに、マンション全体の修繕に関する収支計画に狂いが生じることになります。以上のように物件の購入に際しては、マンションの修繕積立金はしっかりと確認することが大切です。

管理費、修繕積立金で損しないためのチェック方法

それでは具体的に、区分マンションを購入する際にチェックしたい管理費と修繕積立金についての情報入手の方法をお話ししていきましょう。

区分マンション購入時の管理費、修繕積立金の調べ方

手順1 「重要事項にかかる調査報告書」をチェックする。

管理会社が発行する「重要事項にかかる調査報告書」（名称はさまざまです）を仲介業者から入手します。ここに、購入対象のマンションの修繕積立金月額、管理費月額が記載されているので確認します。

さらに、購入対象の部屋における滞納の有無も記載があるので確認しましょう。また、一棟全体の修繕積立金総額や滞納額の記載についても確認します。

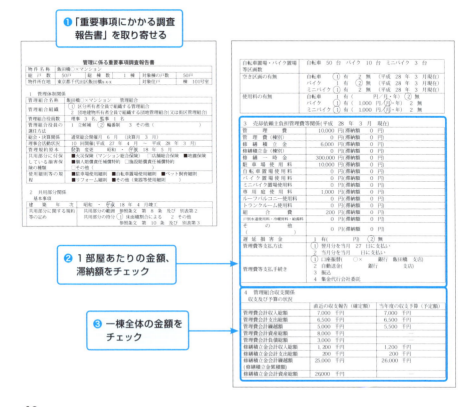

手順2 国土交通省「マンションの修繕積立金に関するガイドライン」による算出方法で、修繕積立金の金額が妥当かをチェックする。

「マンションの修繕積立金に関するガイドライン」は実際に作成された長期修繕計画を幅広く収集し、その事例の平均値と事例の大部分が収まる幅として、修繕積立金の「目安」を示したものです。

確認する際は、必要な修繕工事費の総額を当該期間（30年間など）で均等に積み立てる方式（均等積立方式）による月額か、あるいは当初は金額が低く将来の増額が前提となっている方式（段階増額積立方式）なのかを確認します。後者の場合は、月額を均等にしてガイドラインから導かれる金額と比較します。

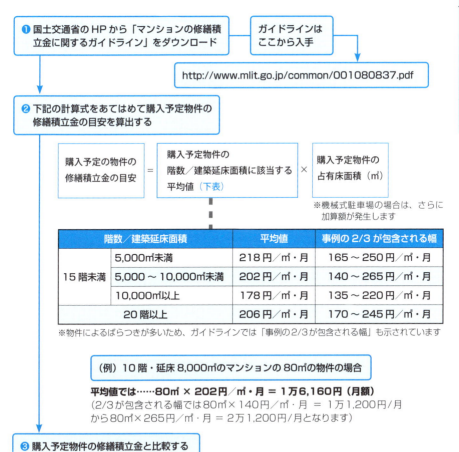

❶ 国土交通省のHPから「マンションの修繕積立金に関するガイドライン」をダウンロード

ガイドラインはここから入手

http://www.mlit.go.jp/common/001080837.pdf

❷ 下記の計算式をあてはめて購入予定物件の修繕積立金の目安を算出する

購入予定の物件の修繕積立金の目安 ＝ 購入予定物件の階数／建築延床面積に該当する平均値（下表） × 購入予定物件の占有床面積（㎡）

※機械式駐車場の場合は、さらに加算額が発生します

階数／建築延床面積		平均値	事例の2/3が包含される幅
15階未満	5,000㎡未満	218円／㎡・月	165〜250円／㎡・月
	5,000〜10,000㎡未満	202円／㎡・月	140〜265円／㎡・月
	10,000㎡以上	178円／㎡・月	135〜220円／㎡・月
20階以上		206円／㎡・月	170〜245円／㎡・月

※物件によるばらつきが多いため、ガイドラインでは「事例の2/3が包含される幅」も示されています

（例）10階・延床8,000㎡のマンションの80㎡の物件の場合

平均値では……80㎡ × 202円／㎡・月 ＝ 1万6,160円（月額）
（2/3が包含される幅では80㎡×140円／㎡・月 ＝ 1万1,200円／月
から80㎡×265円／㎡・月 ＝ 2万1,200円／月となります）

❸ 購入予定物件の修繕積立金と比較する

手順3 「長期修繕計画案」をチェックする。

　「長期修繕計画案」とは、向こう20年〜30年にわたる今後の修繕積立金収入と修繕工事の支出を表やグラフにしたもの。管理組合が作成します。この計画案どおりに修繕をするとはかぎりませんが、毎年の修繕積立金収入累計と修繕工事費累計の収支を見れば、いつ頃赤字になるか（つまり、いつ頃、修繕積立金を値上げしなければならないか）をある程度知ることができます。

● 長期修繕計画案の例

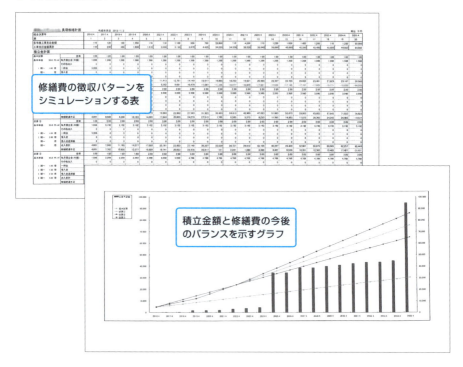

　なかには、一棟全体の修繕積立金に対する滞納を開示しない管理会社も存在します。その場合は、「開示しないということは何かある」と考えるほうが自然です。
　開示されない場合は、自分で建物を調べて修繕の様子などをチェックすることで、管理組合のレベルを推し量ることも必要でしょう。

実践法則 15 適切な維持・管理がされた物件の見分け方

多くの人が共同で暮らす集合住宅では、適切な維持・管理が物件の価値の大きな部分を占めます。また、設備などの導入しだいではより魅力ある物件として新たな価値も加わります。購入前に管理のレベルをチェックできれば、こんなに心強いことはありません。

▌中古マンションは「管理を買う」

　マンションを長く維持するためには、最適なタイミングで修繕をし、適切な管理をおこなう必要があります。

　塗装がはげてくれば塗り替えなければいけませんし、古くなれば給排水管も交換しなければいけません。壁や屋根の修繕も定期的に発生します。必要な修繕がなされないまま放っておけば、建物の劣化はどんどん進んでしまいます。

　マンションが一戸建て住宅と異なるのは、それぞれの部屋を所有する人たちと共同で管理しなければならないということです。

　所有者の足並みが揃わないと、維持管理が思うように進んでいきません。その意味では、所有者または住民の人々の意識によって、管理の良し悪しが決まってくるといえます。

　ところで、きちんと建物の管理がなされていると、どのようなメリットがあるでしょうか。

　まず、エントランスやエレベーター、共用廊下などがこまめに清掃されているため、清潔感があり、気持ちよく生活することができます。

　また、古いマンションではどうしても機能が陳腐化し、新しい設備や機能のマンションが登場すれば相対的に機能面での価値が下がっていきます。しかし、所有者たちの意識が高いマンションでは適宜、必要な設備を取り入れる傾向があります。

　たとえば、セキュリティーシステムの導入や高速インターネット回線の設置などがあげられますが、それらが取り入れられることで、建物の価値を維持するだけでなく、より魅力的な物件へと向上させることもできるといえます。

　これこそ「中古マンションは管理を買え」といわれる理由です。

管理のレベルはここでチェックする

では、管理のレベルの目安となるチェックポイントを見ていきましょう。下記の4点を重点的に観察することで、さまざまなことがわかります。

1 エントランス

建物の顔となるエントランス。住人にとっては出入りするたびに必ず通る場所です。ここに乱れがあるということは管理のレベルも推して知るべしです。逆にきちんとしていれば、まずは合格点といえます。

繁華街に近い物件ではチラシが多数投函される場合もある

エントランスが片付いていないと建物全体に悪いイメージを与える

エントランスのチェック
✓ きれいに清掃されているか
✓ ゴミやチラシなどは落ちていないか
✓ 外部者が容易に敷地内に入ってきやすい構造でないか
✓ 暗すぎないか
✓ 電球が切れていないか

2 掲示板

　入居者でないと見逃しがちですが掲示板が放置されている物件は、管理組合の活動がずさんである可能性が高いといえます。また、物件内外のトラブル報告などが掲示されていることもあるので参考になります。

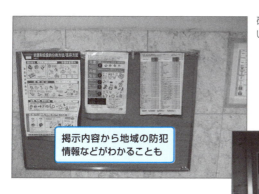

破れたりはがれ落ちたりしている掲示物がないかチェックする

掲示内容から地域の防犯情報などがわかることも

掲示板のチェック
✓　古いお知らせ（半年以上も前のものなど）が掲示されたままになっていないか
✓　長い間破れたままになっている様子の掲示物はないか
✓　物件内外でトラブルなどはないか

3 駐輪場

　駐輪場にはさまざまなチェックポイントがあります。あまり整頓されていない状況の場合は、管理組合の意識が低く、住人のマナーにも期待できない可能性があります。

ラックなどの設備面のほか、置かれている自転車からわかることをチェック

自転車が多すぎる場合は、過去の入居者の放置や部外者の自転車の可能性がある

駐輪場のチェック
✓　自転車がきれいに置かれているか
✓　雨風から自転車が守られているか
✓　車輪ラックなどに破損がないか
✓　部外者が駐輪場を使用していないか
✓　長年使用していないような自転車が放置されていないか

4 ゴミ置き場

　駐輪場と同じように、ゴミ置き場にはその物件の住人や管理会社の意識の高さがストレートに現われます。ゴミの日でもないのにゴミが出ていたり、ゴミ置き場が汚れているようでは、管理のレベルが高いとはいえないでしょう。

ゴミ置き場の周りも清潔感があることが望ましい

敷地内にゴミ置き場を設けている場合、曜日に関係なく常にゴミが置かれていることもある

ゴミ置き場のチェック	
✓	ゴミ収集日を守らない人がいないか
✓	ゴミの出し方が乱雑ではないか
✓	清掃が行き届いているか

　以上、4点にわたってチェックポイントをお話ししましたが、ここで注意点があります。それは、**新しい物件は「管理のレベルが高いか低いか」がわかりにくい**ということです。管理組合がスタートして日が浅く、まだ完全に機能していない可能性もありますし、新しい物件はどこも小綺麗に見えるため、住人がどんな住まい方をしているかがわかりにくいのです。そういう意味では、古い物件のほうが違いがはっきりと見てとれ、イメージもしやすいといえます。

実践法則 16 物件種別ごとの部位修繕目安を知っておこう

不動産投資は物件の購入がゴールではなく、長くメンテナンスをしながら使い続けるもの。特に、マンションは建物の規模が大きく、区分所有の場合は自分の意志のみで修繕はできないので注意が必要です。

■ マンションの修繕費には要注意

　建物の特徴や部位の修繕目安を知っている投資家は、その物件がこれまで適正に修繕がおこなわれてきたのかを売り主に確認したり、買ったあとにどのくらいの修繕費がかかるかの予測を立てたりすることができます。

　多くの投資家は、いい物件をいかにして買うかに多くのエネルギーを注いでいます。しかし、不動産投資は買って終わりではありません。長い間、賃料収入を得るためには、建物を適切に修繕して、入居者に快適な環境を提供することが不可欠です。

　いい物件を買っても適切な維持ができなければ、あとになって問題が生じてしまうでしょうし、いい物件に見えても実は修繕が不十分でなく、出費が増えて後悔するということもおこります。つまり、不動産投資には、物件種別ごとの修繕について最低限の知識は欠かせないのです。

　修繕について特に慎重に見ておきたいのは、マンションです。なぜなら、戸建てや木造アパートと異なり、1つの工事に大きなお金がかかるからです。

　では、適切な修繕がされているかを確認するためには、何をしたらいいのでしょうか？　まず、区分マンションは一棟物や戸建てと違い、自分の都合で修繕できません。ですから、検討中の物件を買う前に、不動産会社を経由して、管理組合などに大規模修繕の計画がどうなっているのかを確認することが大切です。

　大規模修繕の計画書には、今後の計画だけでなく、これまでにどんな修繕がおこなわれたかについても記録されている場合もあります。

■ 大規模修繕の計画書の確認ポイント

　見るべきポイントとしてはまず、計画に沿って修繕がおこなわれているかどう

76

かという点があります。

ただし、台風の影響で急な工事が発生するなど、必ずしも先に組んだ計画書どおりに工事が進むわけではありません。また、耐用年数も数字的な参考値と実状とが異なる場合もあるので、計画と実績に違いがあっても、大きな問題ではありません。

大切なのは、計画書が存在するかどうか、そして実際に使われ、運用されているかどうかということです。

計画書が適切に更新されているかは、その計画書がいつ作成されたものかをチェックすることでわかります。

すでに大規模修繕を実施したことがある建物なら、その時点でもう一度、大規模修繕についての見直しに関する記述があるはずです。大規模修繕がすでに実施されているはずなのに修繕計画書自体が古いということであれば、要注意といえます。

また、 実践法則13 でもお話ししたように、積立金が滞納なく集まっているかという点を確認しておくことも大切です。

リスク回避の考え方

このような確認を怠ると、以下のような危険な物件に手を出してしまう危険があります。

- **古いマンションなどで、修繕に関する計画書そのものがない**
- **20戸以下など規模が小さな物件で、そもそも理事会が運営できていない**

このような物件では、ちょっとした工事を進めるのも、住人・オーナーの意見が統一できず建物がどんどん朽ちていく、ということになってしまいます。

「立地はいいのにやけに利回りがいいマンションがあるな」と思ってよく見ると「自主管理」で、毎月の修繕積立金が0円から数千円程度だったということがありますが、これを買うのは、ギャンブルのようなものです。

一時的にはメリットがあるように見えても、出口（売却）を考えると、大きなリスクを抱えることになるでしょう。

あとになって問題が生じ、「大規模修繕の費用が足りないので捻出してください」といわれることになりかねませんし、実際にそのようなケースは決して珍しいことではありません。物件を持ち続ける以上、断るわけにはいきませんから、

もしそうなれば、収支計算が合わなくなってしまいます。

物件の見極めに慣れていない初心者のうちは、危ないものには手を出さない、というのも1つのリスク回避策であると思います。

また、契約前の段階では、このような資料は出さない方針という売り主もいます。その場合は仲介会社にお願いして、過去の修繕履歴や積立金の滞納の部分だけでも、確認してもらいましょう。

なお、投資物件として近年人気がある戸建ての場合は、修繕費が大きくかかっても300万円くらいですので、それをリスクとして織り込んでおくことで、大きな失敗を防げます。

賃貸が一番下層の日本の住宅ヒエラルキー ❶
マイホームを買えない人が賃貸に住む？

私は不動産投資家の皆さんに、これまで日本の不動産の中で最も低い位置にあった賃貸物件の価値やイメージを、どんどん上げていってほしいと思っています。それにより、賃貸物件に住む入居者の幸せを創造できますし、さらにいえば、ゆがんだ不動産業界のバランスを整えることにもつながるからです。

日本の住宅市場はこれまで、圧倒的に「新築持ち家」が有利になるようにゲームのルールが設定されてきました。そしてその状況は今も続いています。たとえば「住宅予算」。国土交通省の住宅関連予算や、減税まで含めた広義の住宅予算は、その過半が「新築持ち家」に振り向けられ、残りを「中古住宅」「賃貸住宅」が分け合う構図です。

もっとも最近では、中古物件の価値も徐々に見直されるようになってきました。国交省の政策転換により100万～200万円も配る補助事業ができたり、昨年は3大メガバンクが揃い踏みで融資の使い勝手を改善したり、中古＋リフォーム・リノベーション事業に乗り出す事業者も増加したりと、その差は埋まりつつあります。

しかし、「賃貸住宅」が最下位層に位置しているのは、今も変わりません。戦後から続く、「マイホームを買えない人が、賃貸住宅に住む」、「賃貸住宅に住みながらお金を貯めて、いずれはマイホームを買うのが普通」といったような考えは根強く残っています。

続きは123ページ

Chapter - 3

内覧時にチェックすべき
ポイント

Chapter-3 では、物件の購入を前にチェックしたいポイ
ントを具体的に説明していきます。わずかな確認で、判
断を誤ることなく投資計画を進めていくための大切な項
目です。

実践法則 17 　外壁　屋根　クラック、タイル、防水をチェックする方法

外観トラブルは見た目の問題はもちろん、構造の面での不具合をいち早く知らせてくれるサインです。入居付けにも大きく影響するので、チェックポイントを確認していきましょう。

外観チェックは専門家への依頼も検討する

　建物の外観は、入居付けに大きく影響する部分です。また、屋根や外壁は大切な建物を守る部分なので、異常がないかをしっかりと確認しましょう。

　外壁の注意点としては、ヒビがあります。髪の毛程度のクラック（ヒビ割れ）なら問題ないのですが、0.5ミリ以上の亀裂が複数あるようだと、雨漏り、建物全体にゆがみが生じている可能性があります。

　このようなケースでは、室内にも水ジミやゆがみが生じてヒビが入っていることもあるので、同時に確認するといいでしょう。

　また、外壁（モルタル・サイディング）の塗装仕上げがくすんでいて、触わると手に白い粉のようなものがつくことがあります。これをチョーキングといいますが、粉がついた場合、塗り直しの時期が近いということなので、買うならこの点を考慮すべきです。

● アパートの外壁のヒビの例

外壁にできたヒビは見た目が悪いだけではなく、さまざまな問題を含んでいる場合もある

● 塗装が劣化したチョーキングの例

塗装が劣化し、粉状のものが指に付着している。再塗装などのメンテナンスが必要となる

● タイルの目地がヒビ割れしている例

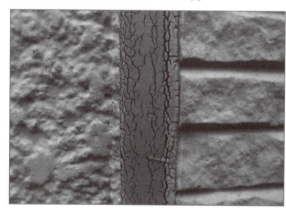

目地の部分が硬化し、ヒビ割れを起こしている

　サイディングの間のゴム状（シーリング）の部分が劣化してヒビ割れていたり、すき間ができていたりしているものは、中に水が入っている可能性があります。こちらも、本来ならば早期に対策を講じたほうがいい状態といえます。
　マンションによくあるタイルの外壁の場合は、タイルの目地、タイルとタイルの間を見て、欠損していないか、ヒビが入っていないかを調べます。
　工事に足場を必要とするマンションの外壁は、本格的に修繕するとなると、数百万〜1,000万円以上の費用を要します。タイルの張り替えがそれに加われば、

相当な金額を覚悟しなければなりません。

　ですから、タイルの欠損などがある物件の購入を検討する際には、判断を下す前に専門家に見てもらったほうがいいでしょう。

　「どういう劣化が生じていますか？」と質問をして状況を把握したうえで、どんな工事が必要かを確認しましょう。その内容によっては、買い付け額が変わってくるかもしれません。

　放っておいて、その状態が自然に改善するということはありません。タイルが全体に浮いているような物件もごく稀にありますが、このような物件は非常にリスクが高いと思われます。

　また、タイルが浮いたり欠けたりしているとき、一部だけを交換するという方法もあります。しかし、一部に問題が生じているということは、全体もいずれ同じようになる可能性が高く、それで問題が解決したとは言い切れません。

　ここ数年、タイルが剥落して、通行人にケガを負わせたという事故が増えています。万が一、死亡事故が発生すれば、その物件は事故物件になる可能性さえあります。

　現在の不動産投資市場では、一度もタイルの修繕がされていない築20年以上の物件が問題になることなく売買されていますが、このような事故が増えないためにも、意識を変えていかなければいけません。

　対策としては、タイルの物件を買わないということも一案です。また、自分のマンションの設備が原因で他人にけがをさせてしまった場合に、被害者に賠償金が支払われるタイプの保険に入るという手もあります。

屋根のチェックからわかること

　外観のチェックには屋根も含まれます。アパートのような形式の建物だと屋根の状態を確認することは難しいものですが、もしも屋根が平らなマンションなどで屋上にあがれる場合は、ぜひ防水の状態を見ることをおすすめします。防水の状態だけではなく、建物の劣化状況や屋根を最近改修したかどうかまでわかるからです。

　また、ほこりがたまっているところがないか、ヒビ割れ、破損の箇所はないか、雑草が生えていないかなども確認します。

　ほこりが問題なのは、いつまでも水気が残ったり、ドレーンという水を流すためのマスを詰まらせる要因になるからです。また、雑草は根が深くまで張ると防水層を傷めることがあります。

外観がきちんと修繕されていない物件は、内部の修繕も同様と考えるべきでしょう。

　すべての部分をチェックすることは現実的ではないと思いますが、できる範囲だけでも確認する意味はあります。

外壁のチェック	
✓	外壁に目立つヒビがないか
✓	外壁を手でさわると白い粉のようなものがつかないか
✓	サイディングの間の目地の部分がヒビ割れしていないか
✓	タイルが欠損している箇所はないか
✓	タイルが浮いている箇所はないか
✓	窓と壁の間に気になるすき間やヒビ割れはないか
屋根のチェック	
✓	はがれ、ヒビ割れ、破損はないか
✓	防水層がふくれていないか
✓	ほこりがたまっていないか
✓	雑草が生えていないか
✓	ドレーンが詰まっていないか
✓	コケや著しい退色が見られないか

3

ポイント　内覧時にチェックすべき

実践法則 18 居室 雨漏り、シロアリ、カビはどこまで許容できる？

中古の木造物件ではカビ、シロアリ、雨漏りが大きなリスクとなります。どれも早急な対策が必要となるので、いかにそれを投資計画に織り込むかが勝敗の分かれ道ともいえるのです。

見つけてもあわてずに済む体制を

中古の木造物件ではカビ、シロアリ、雨漏りについて、ていねいにチェックすることが大切です。

シロアリと雨漏りは、見つけたら絶対に放置はできません。シロアリが発生していれば、木造住宅の強度は弱くなりますし、雨漏りもそのままだと腐食し、建物にとって致命傷になるからです。

もし、そのまま入居者に住んでもらったとしたら、雨漏りはすぐにクレームになるでしょう。またシロアリの問題は、床が抜けたり、貸し主がシロアリを認識したうえで貸していて、万が一地震などで住人に被害がおよべば、事件になりかねない大問題です。

RCマンションでも、木が使われている部分にはシロアリが発生します。

こちらは構造上の問題はなくても、木屑やアリの羽が部屋の中にあったりすれ

● ふすまの枠に発生した雨漏りの例

ふすまの枠などに発生しているシミは、雨漏りが原因の場合が多い

● 和室の天井に発生した雨漏りの例

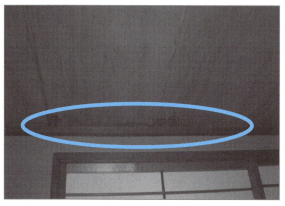

天井に発生した雨漏りは比較的発見しやすい

● 屋外部分の雨漏りの例

ベランダの下を見ると雨漏りが見つかることがある

ば、住人は気持ちよく住むことはできません。

　つまり、雨漏りやシロアリのある物件を購入するならば、買ったあとで必ず対策を講じるという前提で、買い付けを入れることになります。もしも買う場合には、その対策費用を含めて投資計画を立てることが必要です。

　「雨漏りとシロアリの物件は買わない」というスタンスの人もいますが、雨漏りもシロアリも一度被害にあったら必ず建物がダメになる、ということではありません。

　雨漏りは工事で修理できますし、シロアリについても駆除をしたうえで、定期的にメンテナンスをすることで、以降の発生を防ぐことができます。

● シロアリ被害の例

木造の築古物件にはシロアリ被害が多く、物件購入の際には細心の注意が必要

　木造物件のいいところは、壊れたら壊れた部分だけ、柱を入れ替えるなどして修繕できることです。ですから、シロアリについても、たとえば被害にあった風呂場の床と柱だけを交換するなど、場合によっては小さな工事で対処することも可能です。

　注意する点としては、購入時点では簡単に直せるだろうと思っていたのに、実際には想像以上に雨漏りの範囲が広かったとか、シロアリの被害が大きかったりして、費用が余計にかかることです。

　天井をくまなく見ることで発見できる可能性が高い雨漏りと違い、シロアリは見つけにくいのが困りものです。1つの方法として、売り主にシロアリの被害に遭遇したことはあるか、シロアリの駆除をいつ頃したかを確認するというのは、大きなリスクヘッジとなります。

　築古の木造物件を買うことの多い投資家で、買い付けを入れるときに、「シロアリの被害がないことを前提とする」という特約をつけるという人もいます。こういった方法も参考にしましょう。

　また、より慎重に進めたい場合には、買い付けを入れる前に、シロアリの専門業者に調査してもらうことも選択肢に入ります。

　シロアリは、北海道の一部を除くと、日本全国、土があるところにはどこにもいます。ヤマトシロアリ、イエシロアリ、最近ではカンザイシロアリというシロアリが増えています。シロアリの駆除費用は、10万円くらい〜が相場となりますが、作業内容によって変化します。

カビの発生は原因をよく見極める

カビには、入居者に要因がある場合と建物に要因がある場合の2パターンがあります。

たとえば、住人がどんどん加湿をして窓が結露しているにもかかわらず、空気の入れ替えをおこなわないというような生活を送っていれば、すぐにカビが発生します。一方、建物の北側の壁全体がカビているなど、入居者にかかわらずカビが発生している場合、、それは断熱の問題かもしれません。

建物に問題があってカビが発生している場合、根本的な改善をおこなうには大きな工事が必要です。部屋の壁がカビているということは、中の断熱材まで入れ替える必要があることを意味します。その場合、部屋の大きさにもよりますが、修繕には100万円程度はかかるかもしれません。

雨漏りのある物件には、カビがつきものです。こちらも見落としがないようにチェックしましょう。

雨漏りのチェック	
✓	室内の天井や壁などにシミになっている箇所はないか
✓	壁紙に斑模様があったり、黒ずみはないか
✓	ベランダの下や玄関の軒先に雨漏りの跡はないか
✓	小屋裏や天井裏に雨漏りの跡はないか（チェックできる場合）
シロアリのチェック	
✓	室内の柱や床下などに蟻道（シロアリが通った跡）がないか
✓	室内にアリの死骸や羽が落ちていないか
✓	売主にシロアリの被害に遭遇したことがあるかを確認する
✓	防蟻処理をしたのはいつかを確認する
カビのチェック	
✓	生活臭ではないカビくささがないか
✓	壁や北側の押入れ内などがカビていないか
✓	天井点検口を覗いたときに、湿気のような臭いやカビ臭さを感じないか（チェックできる場合）

実践法則 19 水周り 設備 修繕費がかかる水周りと設備は何を見る？

入居者の目につきやすく、ほかの物件との比較対象となりがちなのが水周りと設備です。ここは、修繕費も高額になりやすいため、購入前のチェックは欠かせません。

浴室のチェックポイント

　賃貸物件の修繕費の中で、大きなコストがかかるものに水周りの設備があります。風呂、トイレ、キッチン、洗面台など、どれも生活の中で頻繁に使うものですし、賃貸物件はマイホームに比べて雑に扱う入居者もいるため、故障も多くなります。

　また、水周りは一部だけを取り替えるのではなく、故障となると基本的に全部を交換することになるため、壊れている場合はある程度まとまった費用が必要になってきます。

　特に注意したいのは、20年以上経過した在来工法の浴室です。バランス釜の故障などにより、ユニットバスに取り替えるとなると、グレードにもよりますが100万円近いお金がかかることになります。特に在来工法の浴室は、一度カビが付着すると完璧にきれいな状態にすることは困難です。また、このタイプの浴

● 在来工法の浴室の例

20年以上経過している在来工法の場合は注意が必要

室は、壁のすき間から漏水してシロアリ発生の原因になったり、構造を傷めたりしていることもよくあります。

その点、掃除がラクで、漏水の心配が少ないユニットバスのほうが安心度は上がります。設備に関して、特に見ておきたいのは漏水をしていないか、ということです。実際に検討している物件にあがって確認できる場合は、吐水と排水をして、漏れているところがないかをチェックします。

水周りはお金がかかる

水周りの設備は毎年のように新製品が発売され、新しい機能が加わる傾向にあります。そのため、ある程度の賃料を設定している物件の場合には、水周りの設

● 水のつまりのチェック例

排水・吐水をおこなうことで、水のつまりの有無をチェックできる

● 水漏れしやすい箇所の例

洗面台の下の配管は水漏れしやすいポイントの1つなので必ずチェックする

備が古臭いとそれだけで敬遠されることがあります。

　さらに、どんなに家賃が安い物件でも、風呂釜がバランス釜だったり、トイレが汲み取り方式だったり、あるいは給湯でお湯が出なかったりすると入居者が決まりにくくなってしまいます。

　トイレが汲み取りの場合は、購入後に水洗トイレに変えることが必須になりますが、そのとき、物件の前面の道路まで下水管が来ているかの確認も必要になります。下水管を新たに通す場合、コストが大幅にアップすることになるからです。それだけでなく、部屋の中にある設備については、ひととおり基本的な動作を試してみましょう。

　洗面化粧台やキッチンの下を開けてみると、配水管が破損していたり、曲がったりしていることは珍しくありません。この部分をいい加減にしていると、入居者が住みはじめてから、トラブルになり、余計な時間とコストをとられることになります。

　このように、水周りの不具合はお金の問題に直結しやすいものです。

　物件の購入を検討する際には、水周りの設備がそのまま使えそうかどうかを自分の目で確認したうえで、売り主に質問するなどして事前に十分把握しておくことが大切です。

■ベテラン投資家も悩む設備のチェック

　ベテラン投資家に「これまでに一番大変だったことは何ですか？」と聞くと、設備の突発的な故障で数百万円、ときには1,000万円を超えるような出費が生じて、資金繰りが悪化したことをあげる人が多くいます。大がかりなものでは、エレベーターや受電設備、浄化槽、受水槽、給水ポンプ、立体駐車場などがあります。

　これらをチェックするときは、定期的に検査、メンテナンスを受けているかどうかを確認します。自分で設備の良し悪しをチェックできなくても、プロがチェックしているか、点検記録があるかを確認することで、リスクを軽減できます。

　また、維持費がいくらくらいかかっているかを確認しておくことも大切です。たとえば、エレベーターの電気代や保守点検費用は、簡単に1部屋分の家賃を超えてきます。

　賃料収入と物件の価格だけを見て利回り計算をした場合と、設備の維持費を加えて利回り計算をした場合とで、大きな差が生じることも十分にあり得ます。

ほかに、ケーブルテレビ、オートロック、防犯カメラといった設備についても不具合がないかを調べておきましょう。

水周りのチェック	
✓	風呂はユニットバスか（正常に作動するか）
✓	トイレは水洗か（正常に作動するか）
✓	給湯設備はついているか（正常に作動するか）
✓	洗面所やキッチン、浴室、トイレなどの水はきちんと流れるか（元栓が締まっている場合は開けてもらう）
✓	洗面所やキッチンなどの排水管が破損していたり、曲がったりしていないか
✓	洗面ボウルやキッチンシンク下で水漏れが起きていないか
✓	洗面所、キッチン、浴室入口周辺やトイレ便器の床面に、水染みや床材がふやけているような部分はないか
設備のチェック	
✓	電球は全部つくか。つかない場合は配線不良ではないか
✓	給湯器やガスコンロの製造年はいつか、耐用年数を経過していないか
✓	エレベーター、給水ポンプなど、設備の点検記録はあるか（ある場合は問題がないか確認）
✓	ケーブルテレビ、オートロック、防犯カメラなどに不具合はないか
✓	各設備にかかる維持費はいくらか

実践法則 20　床下、小屋裏、天井裏 建物の基礎となる躯体や構造はどこを見る？

続いては、建物の基礎を見ていきましょう。床下、天井と屋根の間のスペースである小屋裏、そして天井裏はチェックしづらい箇所ですが、ここでは、比較的簡単に見ることができる方法を解説します。

▌物件の傾きは大丈夫？

建物の基礎に問題があると、建物が傾いたり、地震のときに崩れやすくなるなど、大きな問題を引き起こす要因になります。 実践法則 17 でもお話ししましたがこの部分をチェックするためには、建物をぐるりと回って、すき間やヒビ割れ、破損がないか外観をチェックしていきます。空室がある場合は、建具の建て付けについて、勝手に開閉したりしないか、枠とサッシがゆがんでいて開閉に支障がないかなどを確認します。

ときどき「ビー玉が転がる物件はダメなんですよね？」と質問されることがありますが、実はビー玉は転がりやすいものなので、あまりあてにはなりません。

勢いよく転がるようであれば話は別ですが、緩やかに転がる程度であればそんなに気にしなくてもいいでしょう。あくまでも参考程度にとどめます。

建物にゆがみがある原因としては、構造的に弱い箇所があったり地盤の不同沈下が考えられます。

アパートの場合は、1階の廊下側の建物と通路が接する角のスペースにヒビやすき間が見られるときは、不同沈下の可能性があります。建物とバルコニーが別構造になっているような建物では、ゆがみや沈下があると、ズレが生じていることがあります。バルコニーの手すり付近を見るとわかりやすいでしょう。

どの程度の傾きで欠陥（瑕疵）の可能性が高くなるかは、国土交通省の「住宅紛争処理の参考となるべき技術的基準」（http://www.mlit.go.jp/common/001032016.pdf）を見ると1,000分の6（1メートル進んで6ミリずれる）以上とされています。

木造の建物はどうしても中央部分がたわむため、多少のゆがみは生じます。神経質になりすぎる必要はありませんが、なかには1,000分の5の傾きでも体調が悪くなるという人もいますので、賃貸物件にはやはり向かないでしょう。

● 地盤が原因で生じる不同沈下

不同沈下とは地盤の弱さなどを原因として建物が不均一に沈下を起こす状態

　傾いている建物を根本から直す場合、数百万、規模によっては1,000万円以上の費用がかかります。東日本大震災の際に、千葉県・浦安市などで液状化現象が起き、多くの戸建てが傾きました。このときの改修費用は600万〜700万円ぐらいかかったといわれています。アパートなら当然、それ以上になりますから、もしも購入する場合には、この点を予算に組み込むことが大切です。
　「建物はすぐに壊して新築を建てるから関係ない」という人がいるかもしれません。しかし、このような土地は地盤が弱い可能性があるため、慎重な検討が必要です。
　地盤調査については、平成12年以降に建てられたものについては実施が義務付けられていますが、それ以前のものは調査も対策もおこなっていない場合があるので、自分自身で調べる必要があります。
　調べる方法としては、最近ではWebで情報公開している企業もあるので検索してみるのが手軽でしょう。また、近隣の工事現場でどういった基礎工事をやっているかをたずねるという方法もあります。
　また、アナログな手法ですが、古地図を見てそのエリアが昔、沼地などではなかったかを調べてみるのも1つの手です。

見えづらい部分はデジカメやスマホを活用

　次に、小屋裏や天井裏のチェックです。率直に言って、これらは購入前にチェックすることは難しいと思いますが、可能ならぜひ見てみましょう。

　方法としては、空き部屋の天井点検口をのぞいてみて、湿気のようなにおいやカビくさいにおいがしないかを確認します。カビくさい場合、雨漏りの可能性が疑われますし、目視でシロアリの被害が見つかることもあります。点検口はユニットバスの上などに設置されていることもあります。

　床下については、1階の空室に点検口があれば、中を見てみます。**室内の点検口が見つからない場合には、建物の外側の基礎に床下換気口がついていないかを確認します。これがあれば、格子状の換気口から床下を覗き込むこともできる場合があるからです。**

　目視では暗くて中が見えない場合は、デジタルカメラやスマートフォンを差し入れて、フラッシュを使って写真撮影をすると、大まかにですが状況を把握することが可能になります。

　こちらも小屋裏や天井裏と同じく、カビくさくないかを調べます。また、ヒビ割れがないか、雨などにぬれて色が変わっているところがないかなど、異常がないかチェックをしましょう。水はけが悪く、湿気が高すぎる状態が続けば建物を傷めることにつながります。

　古い物件の場合、かなりの確率で何かしらの問題があるものです。価格が安いものならなおさらです。

● 天井裏に見つかったシミの例

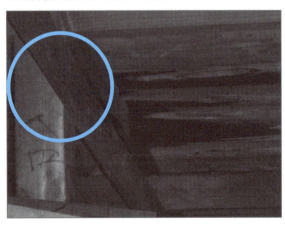

天井裏のシミは雨漏りが原因と考えられる

問題が見つかったからといって即購入を中止するのではなく、建物の特徴や工事にかかる費用などを把握し、どの程度まで許容できるのか両者を天秤にかけることも必要です。

基礎・傾きのチェック
✓ 基礎部分に複数の目立つヒビ割れがないか
✓ 1階の廊下側の建物と通路が接する角のスペースにヒビやすき間はないか（アパートの場合）
✓ ドアや窓の開け閉めの際にひっかかりなどがないか
✓ ドアを全開にして放置したとき、自然に閉まることはないか
床下・小屋裏・天井裏のチェック
✓ ヒビ割れはないか
✓ 雨などにぬれて色が変わっているところはないか
✓ カビくさくないか

3

内覧時にチェックすべきポイント

実践法則	ホームインスペクターを
21	利用する際の注意点

これまでお話ししてきたチェックポイントを専門家に依頼する方法として、
ホームインスペクターを活用する手段もあります。購入予定の物件に大きな
問題がないかを第三者の立場で公平にジャッジしてもらえます。

物件の状況を正しく早く把握する

　建物の調査については、プロのホームインスペクターの力を借りて、建物のリスクをある程度把握したうえで検討するという方法もあります。

　もちろん、自分のこれまでの経験からその物件を買うか買わないかを見極められる場合や、資金が潤沢にあり、多少の失敗は勉強と思えるという人には自分で調べて決断するということもできます。

　しかし、なかには「数字のシミュレーションは得意だけれど、実際の建物を見るのは苦手」という人もいるでしょう。

　不動産投資は金額が大きい分、失敗したときのリスクが大きい投資です。高利回りにつられてくわしく調べないまま買い付けを入れたけれど、購入後にたくさんの不具合が見つかり、裁判になったという例もあります。

　そんな事態に陥らないよう、まずは自己チェックをおこない、投資の最終判断時にホームインスペクターに依頼してみて、可能な範囲で建物のコンディションを把握し、どのようなリスクが存在するのかを想定するというのも１つの方法でしょう。

　実際の利用方法ですが、購入を検討しようという物件が見つかったとき、契約する前のタイミングで依頼をするのが基本です。

　調査を依頼した場合、早ければ当日や翌日に調査がはじまることもあります。費用は約６万円程度〜、詳細な結果報告が届くのに４日程度〜（いずれもさくら事務所の場合）かかります。

　人気物件の場合、「そんなに待っていたらライバルに先を越されてしまう」というケースもあると思いますが、ホームインスペクションをおこなったその場で、ある程度のことは報告があるので、その結果を参考にすることができます。

　検査の結果、予想していない問題が見つかったから、買い付けを入れるのをや

める、という可能性もあります。

　なかには、見つかった問題を理由にして、その分の指値を入れるという人もいます。どちらが正解ということではなく、建物の状況を正しく把握し、自分の納得のいく結論を出すということが大切です。

　依頼する場合には、どの会社に頼もうかと迷うかもしれません。ここ数年、ホームインスペクションサービスをおこなう会社が急増し、ホームインスペクターの数も増えていますが、経験が浅い建築士が担当することも多いようです。経験があり、きちんと第三者性を堅持している業者を選ぶようにしましょう。

　まれに、売り主側ですでにホームインスペクションをおこなっており、結果報告書を参考資料として渡される場合があります。そこでは、売り主側の業者のメリットになる内容を多く強調して、そうでない部分は指摘しないというケースもあるようです。それでは、参考になるどころか、判断を誤る材料となってしまいます。

　また、売り主側のホームインスペクションの情報は、最新のものではない可能性もあります。買い主が自分で依頼する場合、直近のコンディションがわかりますが、売り主側から出されたホームインスペクションは、そうとはかぎりません。たとえば、3カ月前の調査だとするとその間に、台風による大雨にさらされ雨漏りが発生していた、などという可能性もゼロではないわけです。

■新築でもまったく問題がない物件は少ない

　ホームインスペクションを利用したほうがいいのは、中古物件だけではありません。多くの人が、「新築物件なら問題はないだろう」と思い込んでいますが、そんなことはないのです。

　これまでの例では、新築でも、ほとんどの物件で指摘事項がありました。基礎にヒビが入っていたり、設備の漏水があったりという、重篤な問題が見つかったケースもあります。

　これに気づかないまま引渡しを受けてしまうと、あとで問題が発生したときに、責任がどこにあるかでもめることになります。

　もし、入居者が住みはじめてから問題が発生すれば、多大な迷惑をかけることになりますし、何より人が住んでいる状態での工事は、入居前に対処するよりも時間もお金も余分にかかってしまうので避けたいところです。

　予算と調査内容を照らし合わせて、自分に合った業者を見つけ、必要なタイミングで依頼できる体制を築いておくといいでしょう。

● ホームインスペクション写真つきの報告の例

バルコニー西側
飾り窓の下付近に少し隙間がありました。
特に気にする必要はないようですが、外壁塗り直しの際には、念のため埋めるなどしておくといいでしょう。

雨どい、軒裏
ダウンライトカバーが1つありませんでした。

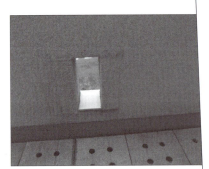

バルコニー東側
飾り窓付近に小さな亀裂がありました。

基礎の状態
基礎にはクラックやジャンカもなく、いい状態で保たれていました。

基礎立ち上がり
ほぼ全体にわたり浮きや亀裂などの不具合は確認できませんでした。

断熱材
小屋裏収納の立ち上がり壁に設置された断熱材の状態です。ロックウールがすき間なくはられていました。いい施工状態です。

床下の木材含水率
洗面台周辺を含め、ほかの箇所では18〜19%の含水率となっていました。問題ない数値です。

床下断熱材
床下の断熱材は、押出法ポリスチレンフォーム45mmが採用されています。脱落やすき間もなく、ていねいな施工がされています。

3 内覧時にチェックすべきポイント

建物精度
建物の精度を機械（オートレーザー）で確認していきます。赤い線が水平と垂直を示しています。この赤い線と、建物の各部との距離を計測することで、水平および垂直精度が確認できます。確認の結果、水平・垂直精度は、一般的な許容範囲(3/1,000)内で問題ありませんでした。

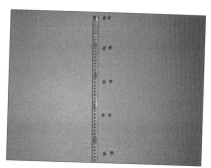

ビス間隔確認
1階・和室南側において、耐力壁となっている壁のビス間隔を計測しましたが、部分的に広くなっている箇所が確認されました。

浴室
給排水に不具合はありませんでした。

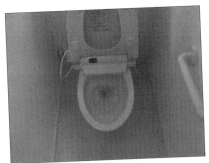

1階・トイレ
給排水に不具合はありませんでした。

Chapter - 4

「銀行がお金を貸したい
大家さん」になる方法

不動産投資は、融資を受けたお金を使うことがほかの投
資とは大きく異なる特徴です。Chapter-4 では、金融機
関が喜んでお金を貸してくれる大家さんになる方法を伝
授します。

実践法則	
22	現金買いとローン買いの メリット・デメリット

ほとんどの不動産投資家が避けて通れない融資の道。レバレッジの力を借りて、資金効率を高めていきたいところです。ここでは、現金買い・ローン買いそれぞれのメリット・デメリットを考えます。

レバレッジの考え方

　株やFXなどのほかの投資とは異なり、金融機関からの融資を利用できるということが不動産投資の特徴です。融資を活用すれば、資金が少ない人でも短期間で資産を大きく拡大できます。これを、レバレッジ効果といいます。
　レバレッジ効果とは、「テコの原理」のことを指し「少ない資金で投資効果を上げ、より効率よく収益性を高める」ことが可能になります。

● 自己資金1,000万円でのレバレッジの有無の例

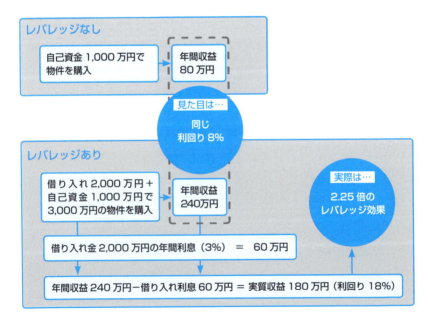

たとえば、1,000万円の自己資金があった場合、その1,000万円で年間80万円の家賃収益が見込める物件を購入したとすると、利回りは8％となります。

　一方、この1,000万円の自己資金に加え、2,000万円を金利3％で借り入れ、3,000万円の物件を買い、年間240万円の家賃収入を得た場合を考えてみましょう。「見た目の利回り」は同じ8％ですが、1,000万円の自己資金に対する投資利回りは、前者は8％に対して、後者は18％（借り入れ利息支払い後）となり2.25倍の利回りを得ることができます。同じ資金なのに収益が増えるというのが、レバレッジの魅力なのです。**ただし、融資といっても借金ですから、安易な気持ちで借りることは絶対に避けなければいけません。「銀行が融資を出してくれるのだから危ない物件ではない」と思い込んでいる人がときどき見受けられますが、そういうわけではないのです。**

■ メリット・デメリットをくわしくチェック

　物件をローン購入する際には、下記のようなメリットとデメリットがあります。

> **ローン購入のメリット**
> - 投資効率がよい。上手に借りて投資すれば、現金だけで投資するよりも多くの不動産に投資することができ、効率的なポートフォリオを構築していくことも可能
> - 自己資金が少ない人でも投資をはじめられる
>
> **ローン購入のデメリット**
> - きわめて投資効率が高いが、その代わりに財務破たんリスクが高まる。物件を買ったものの、家賃の下落や空室率の上昇によって、金利支払いが難しくなったり、もっとひどい場合には、元本返済もままならない事態になることもある。さらに、物件価値が残債務より下回ってしまえば、物件を売却しても返済ができない状態に陥ってしまう
> - 金利に収益を左右される

　不動産投資家のなかにも、「現金主義」の人が一定数、存在します。「親が借金で苦労したのを見たので、自分は借金をしないと決めている」「自営業で収入に波があるので、必要以上の借金をしてリスクを背負いたくない」など、理由はさまざまです。また、「資金が潤沢にある」「貸家を1つ持てば目的が達成される」

というような場合も、わざわざ融資を受ける必要はないでしょう。

レバレッジ派の投資家たちは、「借金でできるのが不動産投資の一番のメリットなのに」と不思議がりますが、考え方は人それぞれですので、批判するのもおかしな話です。

借り入れと同じく、もちろん現金購入にもメリットとデメリットがあります。

現金購入のメリット

- ローンがつかない案件（違法建築・耐用年数を経過した物件など）を買えること。こうした物件は比較的割安になる傾向が高いため、その場合には高い利回りが期待できる。安く買ってから、自分で手を加えて、バリューアップをする手法も向いている。たとえば、空室が多い旧耐震アパートを購入し、耐震補強、リノベーション、新規テナント募集などを経てバリューアップするなど
- 同じ物件を複数の人がほしがった場合、現金購入が優先的に買えるケースが多い

現金購入のデメリット

- 投資効率が悪い。たとえば利回り 5％、5,000 万円の物件があった場合、現金で買えば利回りは 5％だが、金利 3％で 4,000 万円を借りて、自己資金 1,000 万円で買えた場合、投資利回りは 13％にまで向上する
  （5,000 万円×5％−4,000 万円×3％）÷1,000 万円
- 資産を増やすのに時間がかかる

不動産仲介業者のなかには、融資付けまでコーディネートしてその分の手数料を稼ぐ人が増えています。その人たちは、大きな物件を買わせるほど手数料が増えるため、融資を引いて大型物件を買うことをすすめてきます。また、複数の金融機関から同じタイミングで借り入れをするなど、金融機関をだますような「裏ワザ」をすすめる人たちも一部にはいるようです。

しかし、彼らは、いざというときに借金の肩代わりはしてくれません。そして、金融機関へのウソがばれたときに困るのは自分です。不動産仲介業者にお願いするときには、相手の言いなりにならないよう、自分自身が最低限の知識を持っておくことが大前提。そのうえで、適切なアドバイスをしてくれる信頼のおける相手を選びましょう。

実践法則
23 銀行の新規開拓を成功させるポイント

はじめて融資をうけるにあたっては、誰もが緊張するものです。なるべく好条件で金融機関の融資を引き出すためには、どのようなことに気をつければいいのでしょうか。

それぞれの金融機関の特徴を知る

借金をして物件を買う場合、銀行、信用金庫、日本政策金融公庫、あるいはノンバンクなどから融資を受けることになります。

銀行は審査が厳しいですが、その分、金利は低いという特徴があります。一方、ノンバンクは耐用年数に関係なく融資を受けられる可能性があるなど、銀行と比べると審査がやさしいものの、金利は高めです。

信用金庫はその中間といったところです。エリアが限定されるというデメリットはありますが、逆に付き合いが深くなると融通がききやすいというメリットがあります。

また、政府系の金融機関として「日本政策金融公庫」があります。これは個人や中小企業を支援するための金融機関であり、原則として固定金利、保証人不要、低金利といったメリットがあります。日本政策金融公庫では「投資」に対する融資はおこなっていませんが、「不動産賃貸業」として申請することで、収益物件の購入の際に融資を受けられる可能性があります。

融資を使う際には、これらの金融機関から、金利が低い、融資期間が長いなど、できるだけ自分の希望に合ったところにお願いすることになります。

自分に合った金融機関の選び方

初心者がやりがちな失敗として、融資についての知識がほとんどないまま、ほしい物件を探して、「この物件を買いたいので、融資をお願いします」といきなり金融機関に持ち込んでしまうということがあります。実は、このような行きあたりばったりのやり方では、融資を受けることは容易ではありません。すでにお話ししたように、ローンの審査基準は金融機関によってそれぞれに違いますし、

4

「銀行がお金を貸したい大家さん」になる方法

105

物件によっても金融機関からの評価は異なるからです。また、借りる人の勤務先や年収（いわゆる属性）などによっても、借りられる金額は変わってきます。**それらの融資のしくみを事前に理解して、自分の属性や物件の担保力に合った金融機関に依頼することで、効率よく融資を受けることができるのです。**

　まずはじめに、金融機関はその物件に対していくら融資するかの基準として、土地と建物の評価額を合算した積算価格を算定し、その範囲内でローン金額を検討します。

　さらに、団体信用保険の枠（団信枠）の消化率を確認する金融機関も多くあります。従来は住宅ローンを組んでいると事業性ローンは借りにくいということもありましたが、現在は団信枠に余裕があれば借りることができるのが通常です。

　それに加えて、物件の収益性も融資額を決める大切なファクターです。その際、金融機関はその物件から得られる収入に対して、どの程度の返済が可能かを検討します。これが元利返済額の想定値となり、建物の償却状況を踏まえた返済期間を設定し、これらを通じて、貸付可能額を決定するのです。実際には、積算評価だけ、収益性だけ、ということはなく、その両方と属性の３つを考慮して、融資金額が決められます。

　自分がいくら借りられるかを予想する際には、積算評価を基準にするといいでしょう。たとえば、日本政策金融公庫は、積算評価の６〜７割が融資金額の目安とされています。それを知っているか知らないかでは、物件の持ち込み方も変わってくるはずです。

　ほかのビジネスと同様、金融機関をまわる際にも、紹介はないよりもあったほうがプラスです。また、仲介会社が融資づけに強い場合には、融資のコーディネートまで頼むという方法もあります。ベテラン投資家のなかにも、「融資は業者まかせ」という人も意外と多くいます。

　この方法はラクですが、業者によっては、金利の低い金融機関でも借りられる可能性があるのに、最初から金利の高い借り入れをすすめてくるところがあります。金利の高い金融機関ばかりすすめてくる仲介会社は、顧客の利益よりも自分たちの利益を優先する会社である可能性が高いので、いったん距離を置いて、自分で条件のよいところを探したほうが得策です。

┃「買わないと損」は大間違い

　融資を申し込む際には、以下の資料が必要となります。常に準備しておくとよいでしょう。

● 融資を申し込む際に必要になる資料

物件に関する資料

☐ 住宅地図、路線価図、公図、建物図面、登記簿、評価証明書

☐ 販売図面（マイソク）、売買契約書、重要事項説明書、物件の写真

☐ 収支計画（必須ではない）

個人に関する資料

☐ 過去3年分の収入証明（源泉徴収票、確定申告書、決算書など）

☐ 身分証明書

　現在は東京を中心に、収支が成り立つかどうかもきわどいような低利回りの物件が多く売られています。こんな物件を買ったあとで金利が上昇すれば、キャッシュフローは悪化し、賃貸経営が成り立たなくなります。「とにかく物件がほしい」という思いが強すぎると、投資の本質を見失い「融資がつくなら買わないと損」と間違った行動をとることになるので、冷静な目を持ちましょう。

　残念なことに、前のめりになりすぎて、金融機関に対して失礼な行動をする人もいるようです。

　金融機関の担当者から聞いた話ですが、具体的な検討案件がないにもかかわらず、金融機関を訪れて、情報だけ得ようとする投資家が増えているといいます。

　勉強熱心なのはいいことですが、忙しい銀行マンたちは、すぐに借りる気がないのに自分たちの大切な時間を奪うこのような投資家に、よい印象を持っていません。懇意な間柄なら別ですが、そうでない場合は、積極性が逆効果にならないよう注意しましょう。

4

「銀行がお金を貸したい大家さん」になる方法

実践法則 **24**	# サラリーマンの優位性と 落とし穴

実はサラリーマン大家さんは、融資に関しては恵まれています。しかしだからといって、うまみの少ない物件を買っていてはもちろん儲かりません。現実にしっかりと目を向けて、優位性を生かしていきましょう。

サラリーマン大家さんは恵まれている

サラリーマンは、金融機関から見ると比較的安心してお金を貸すことのできる融資先です。

自営業と違い、一般的に安定的な収入が見込まれるため、自営業のように本業が不振になっても、不動産からの収入を流用するというリスクが少ないからです。また、不動産経営で収支が赤字になったとしても、安定的な収入である給料から補てんできるため、自己破産などの可能性もわずかです。

そのような背景から、サラリーマンは不動産投資をするうえでは有利な立場であるといえるでしょう。

実は、日本ほどサラリーマンの不動産投資が優遇されている国は、ちょっとほかには見当たりません。海外の投資家にこの話をすると、「日本人のサラリーマンはなんて恵まれているんだ」「自分が日本人のサラリーマンなら、迷わず借金をして不動産投資をする」と興奮気味に答えるほどです。それくらい、日本のサラリーマンは融資受けに関して、特別な存在であるといえるのです。

経営者意識を持って現実に目を向ける

しかし、そこには落とし穴も存在します。融資が出やすいというサラリーマンの属性を利用して、うまみの少ない物件を売りつけようとする業者がいるのです。

たとえば、 実践法則 11 でお話しした通り、投資用の新築ワンルームマンションには、キャッシュフローがゼロに近いものや、マイナスのものもあります。家賃は下がることはあっても、上がる可能性は少ないため、将来的には赤字になることが予想されますが、それでも、サラリーマンなら融資で購入することが可能です。マスコミなどで非難されたため、一時期は鳴りを潜めたこの手法ですが、

108

アベノミクスの影響で近年また、盛り返しているといいます。

それだけではなく、投資用のワンルームマンションを買った人たちは、そのあとも同じような業者から、「いい売り先」とカモにされ、再度、リスクのある物件を売り込まれることがあります。たとえば、最近増えているのが、15年ほど前に投資用のワンルームマンションを買った人たちに、地方の一棟RCマンションをすすめる手法です。

ワンルームマンションを購入してから15年も経つと、次のような問題が次々に発生してきます（ 実践法則47 もあわせて読んでください）。

- × 賃料の低下
- × 元利均等返済であれば金利の支払いが相対的に減る（支払う税金が増加する）
- × 建物の設備の償却が15年で終わるため、16年目から税金が上がる

これらが重なることで、これまではトントンで済んでいたのに、一気にキャッシュフローが赤字になるという人が増えるのです。事前にシミュレーションをすれば予測できることなのですが、このような物件を買う人たちは、すべて業者まかせで、自分自身で考えることをしない傾向があるため、赤字が増えると「どうしよう……」とうろたえることになります。

売却を希望する人もいますが、ほとんどの場合は残債よりも高く売ることが難しいために、持ち続けてもマイナス、売ってもマイナスという状況に追い込まれてしまいます。

そこに不動産会社がアプローチして、「フルローンで1億円ぐらいの物件を買いませんか？ 利回りは投資用ワンルームより高い8％もあります。こちらはキャッシュフローがばっちり出ますから、合算すれば黒字になりますよ」とたたみかけるのです。

赤字が増えて困り果てているワンルームマンションの大家さんのなかには、この話に飛びつく人が少なくないといいます。本

● 安易な購入は避ける

いずれ空室率が上がり、資金繰りが難しくなる可能性が高い

4 「銀行がお金を貸したい大家さん」になる方法

109

来なら、儲からない物件とわかった時点で早めに損切りするのが通常の経営のあり方です。しかし、彼らには「経営者」としての意識がありません。そのため、自分の味方のように見える不動産会社の営業マンのいうことを、また鵜呑みにしてしまうのです。

　しかし、フルローンの出る物件というのは、地方や首都圏郊外の一棟マンションなどが多く、このような物件は、そう遠くないうちに空室率が上がって経営が困難になることが予想されます。数年ほどたったあと、どういう状況になるのかは、誰にもわかりません。不動産価格が天井に近いといわれるなかで購入しているのですから、売るのは簡単ではないでしょう。地方にある物件の場合には、管理に目が届きにくいというのも心配です。現地の管理会社をオーナーがしっかりとハンドリングできなければ、優先順位の低い客として、見放されてしまうかもしれません。

　厳しいことをお話ししてきましたが、サラリーマンはこのような現実にも目を向けたうえで、不動産投資に向き合うべきです。

　何があっても自己破産せず、給料からせっせと返済してくれるサラリーマン大家さんは金融機関から見ると「おいしいお客さん」です。彼らは、目標達成のために必死に貸し先を探しています。カモにならないためには、不動産投資の書籍を読んだり、勉強会に参加するなど、しっかりとした知識を身につけることが不可欠です。

　融資がつきやすい今だからこそ、気を引き締めて、買っていい物件とそうでない物件をしっかりと見分けましょう。

実践法則	返済比率は何％以下に抑えれば
25	安心なのか？

賃料収入に対してあまりにも返済比率が高いとキャッシュフローはうまくいきません。融資が受けられるからといって、甘い見積もりからスタートすると痛い目を見ることになります。

高利回りに見える物件でも……

　融資を受ける際に特に注意したいのは、物件から得られる収入に対し、元利返済額がどの程度であるべきかという返済比率のバランスです。

　8戸のアパートで1戸や2戸が空室になったらもう赤字、というような物件が安心して経営していけるわけがない、ということは誰にでもわかると思います。「そんな物件があるの？」と驚く人もいるかもしれません。しかし、現在の市場でこのような物件は決して珍しくありません。

　返済比率が7割とか8割という物件でも、積算評価が高く、金融機関から見て担保価値があると思われれば、融資を受けることは可能です。一見、高利回りに見える物件でも、返済期間が短くて返済比率が高くなる場合もあります。もし、ほかにもいくつも物件を持っていて、キャッシュフローが潤沢にあるのなら、全体のバランスの中で1つくらいそういう物件があってもいいのかもしれません。しかし、最初の物件でいきなり返済比率が高すぎる物件を買うことは大変リスキーです。

初心者が見落としがちな経費

　投資をはじめたばかりの大家さんの中には、家賃収入からローン返済分を引いた金額がまるまる手元に残ると考えている人がいますが、実際にはそうではありません。

　エレベータの有無、劣化状況の度合い、当該立地における施設へのニーズなどによっても異なりますが、**賃貸経営では総賃料収入の少なくとも2割〜2.5割は経費に消える**といわれています。つまり、返済比率が8割なら、ローン返済分と経費だけで赤字になってしまうということです。

　そんな状態では、せっかく収益物件を買っても、副収入を得るどころか、マイ

4

「銀行がお金を貸したい大家さん」になる方法

ナス収支で苦しむことになるでしょう。

　上記に加え、退去リスク、賃料下落リスクなどを踏まえると、**返済比率は賃料収入の５割程度というのが安全なラインといえます**。さらにこれに、万が一の場合に備えるゆとりの部分を含めると、以下の図のようになります。

● 返済比率の考え方

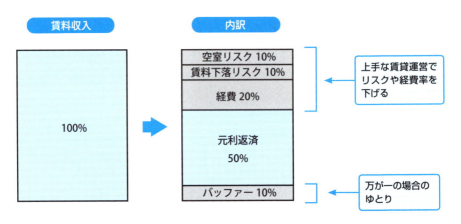

実践法則	
26	**「フルローン」は諸刃の剣**

物件の価格すべてをカバーするフルローンやそれ以上の借入をするオーバーローンは資金ゼロから不動産投資ができると人気です。しかし、知識や経験のないまま進めるのはやはりリスクが大きいようです。

資金ゼロで投資は可能？

昨今はフルローンやオーバーローンを推奨して、「資金ゼロからはじめられる」という謳い文句で物件購入を煽る業者も多いようです。

しかし、どんなことにもメリットの裏側にはデメリットがあります。それなのに、メリットだけを見て多額の借金をすることは非常に危険です。

また、フルローン利用者のなかには、「手元の資金を使いたくないから」という理由でフルローンを受けるのではなく、本当に「資産がほぼゼロ」という状態で不動産投資をはじめてしまう人もいます。これは、長い目で見ると大きなリスクを抱え込むことになります。

企業の経営と同じと考えるとわかりやすいのですが、他人のお金を使ってビジネスをするわけですから、調達した金利よりも高いリターンを上げていれば、その分は儲かります。ということは、借り入れの比率は高ければ高いほど、自己資本比率がゼロに近ければ近いほど、絶対に儲かるという理屈になるわけです。

レバレッジがマイナスに作用すると身動きがとれない

一方、レバレッジをかけた場合の問題点は、逆回転をしたときに、どうにもならなくなるということです。

頭金をまったく入れていないということは、最初の頃の返済の大部分は金利であり、元本の減りが極めて遅いということです。そして、不動産投資では突発的な設備の故障など、想定外の出費がつきものです。退去や家賃の滞納など、入るはずのお金が入ってこない、ということもよくあります。税金の支払いだってあります。

つまり、収支シミュレーションどおりにキャッシュフローが積みあがっていく

● フルローンとオーバーローン

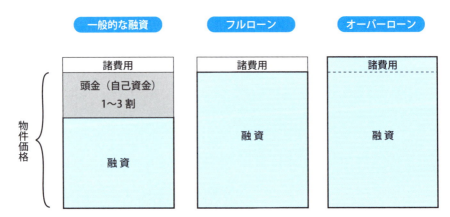

とはかぎらないのに、いざというとき、手元に余裕資金がないと、どうしようもなくなるというリスクがあるのです。

どうしても空室が埋まらなかったり、何らかの理由で収支がマイナスになったりして、売らなければいけなくなる可能性もあります。そんなとき、フルローンやオーバーローンで買っていると、たとえば5年保有していても、残債がほとんど減っておらず、売値を下げられずに売れない、ということにもなりかねません。

2割程度の自己資金が必要

ある新人投資家の話ですが、1棟目の物件として、約2億円の地方のRCマンションをフルローンで買いました。この人はサラリーマンとしてそこそこのお給料をもらっており、それまでに借り入れもなかったため、金融機関からはすんなりとフルローンが出ました。しかし、すべてうまくいったわけではなく、融資期間が延びず、返済比率が7割を超えてしまいました。

この男性はシミュレーションをした際に、危ないかもしれないと思ったのですが、「いまどき、フルローンで買えて利回り10％を超える物件なんて滅多にありませんよ」という業者の言葉に背中を押され、購入を決めました。

ところが、この物件は買った月から毎月、20万円以上の赤字を垂れ流すことになりました。原因は入居率の低さです。その投資家さんは、「買った月は赤字になるかもしれないけれど、自分で営業に回ってすぐに満室にすれば、キャッシュ

フローはプラスになるから大丈夫」とポジティブに考えていました。

しかし、実際には営業をがんばってもなかなか申し込みは入らず、そうこうするうちに、ポンプまで壊れて、銀行口座はスッカラカンになってしまいました。

「30年もローンを組んだのに、このままずっと赤字だったらどうしよう。自己破産するしかないのか……」と、その大家さんは一時期、うつ病寸前までいったそうです。

幸い、その後しばらくして、この物件は満室になりましたが、返済比率が高かったため、しばらくの間は気が気ではなかったそうです。

この男性のような例は、決して珍しくはありません。彼は独身でしたが、結婚していて生活費に手をつけることになれば、家族の将来にかかわる大きな問題になるでしょう。

不動産投資の知識や経験が十分でないうちに、フルローンやオーバーローンで多額の借金をすることは、大きなリスクがあるということをもう一度理解しておきましょう。

このようなリスクを抑える方法としては、融資を受ける場合にも、売買金額の2割程度の頭金と諸経費の分くらいは自己資金を用意することをおすすめします。

また、融資期間についても、「長ければ長いほどいい」ではなく、そのリスクも理解しておくべきです。固定金利なら比較的安心といえますが、長期ローンは遠い先の賃料や修繕費の増加など、読めないリスクを負うこととイコールだからです。

融資を賢く利用することは大事ですが、リスクをとれる範囲で、ということを心がけましょう。

4

「銀行がお金を貸したい大家さん」になる方法

実践法則 27 借り換えと繰り上げ返済の注意点

歴史的な低金利の中、高金利でのローンがある人は一度は借り換えを検討することでしょう。また、繰り上げ返済を目指している人もいるかもしれません。どちらも一見よいことのように見えますがデメリットはないのでしょうか。

ウワサ話に惑わされず正しく判断

借り換えとは、高い金利で組んでいたローンを、別の金融機関でより低い金利など、有利な条件で借り直すことをいいます。

大家さんは日頃から、キャッシュフローをよくするために、経費を削減したり、家賃を上げたりする努力をするものです。しかし、それは容易なことではありません。それに対して、金利交渉なら、うまくいけば金融機関との面談1回で、大幅にキャッシュフローを改善できます。また、近年は金利が低下しており、金融機関の間の競争も激化していることから、借り換え先が見つかりやすいタイミングともいえます。ですから、高い金利での借り入れがあるという人は、借り換えは戦略のひとつとして有効です。

ただし、借り換えをすることで、借り入れている金融機関との関係が悪くなり、次に借りたいと思ってもすんなりは借りられないなど、ハードルが上がる可能性があるので、その点は承知しておきましょう。

また、借り換えにはコストもかかります。金融機関によって数字は異なりますが、基本的に、以下の費用は必ず必要になります。

- 期前返済にかかる費用として、抵当権抹消費用、期前返済に伴う手数料
- 借り換えに関する費用として、借り換える金融機関に対する事務手数料、契約書貼付印紙税、保証料、登記費用など

さらに、不動産の価値が購入時よりも下がっている場合、借り換え先での審査結果により、返済期間が短くなる場合もあります。それでも、金利が下がりトー

116

● 日本の長期金利の推移

タルで見てメリットがあるなら、検討する価値は十分にあるといえるでしょう。

付け加えると、金利が高い借り入れがあるからといって、早急に別の借り換え先を探すのは得策ではありません。まずは、現在借りている金融機関に、金利を下げてほしいと交渉をすることを先におこなうべきです。

このとき、借り入れをしてから1年も経たないうちに金利の交渉をするのは、相手の心象を悪くするので注意が必要です。最低でも1年以上はコツコツと返済をし、何の問題もなく取引をおこなってきたという前提があってはじめて、金利交渉の土俵に上がれます。

金利交渉の話題になると必ず、「あの人が金利交渉で成功したから、自分もきっとこのくらい下がるはず」「○○銀行は1年経つと、金利が○％下がるらしい」といったウワサが話題にのぼります。

しかし、たくさんの事例を見てきた立場からすると、そのようなウワサ話はあてになりません。

物件の評価も金融資産もサラリーマンとしての属性も、人それぞれです。それなのに、他人にあてはまった例が自分にあてはまるということは、ほとんどありません。

間違っても、「この銀行で借りたほかの人は金利が下がっていると聞いたんですが……」などという話をして、銀行の窓口を訪ねないことです。

繰り上げ返済はやるべきか

　繰り上げ返済も、元本の支払いが早く進むため、金利支払い額を縮小できる効果のある手法です。

　繰り上げ返済については、いろいろな意見がありますが、私はゆとりがあればやるべきだと考えます。ゆとりがあるというのは、生活費や万が一のために蓄財した金銭には手をつけないで、繰り上げ返済ができるならやるべき、ということです。

　かといって、不動産から得られた余剰資金を返済に回すときには注意はいらないかというと、そんなことはありません。繰り上げ返済によって手元の資金が減ることで、次に融資を申し込む場合に、不利になる可能性があるからです。

　また、金融機関によっては、繰り上げ返済は利益を失うことにつながるため、嫌がるところもあります。次に借りる際に、「また繰り上げ返済するのではないか」と勘ぐられ、マイナスの評価につながるかもしれません。まだまだ物件を買い増す計画がある場合、次の融資審査を考えると、安易に繰り上げ返済しないほうがいい場合もあります。その点は慎重に検討する必要があるでしょう。

　さらに付け加えると、繰り上げ返済についても一定の手数料がかかるので、事前に確認して、本当に借り換えることでメリットが得られるかを数字を出して検討してみることが大切です。

● 繰り上げ返済のイメージ

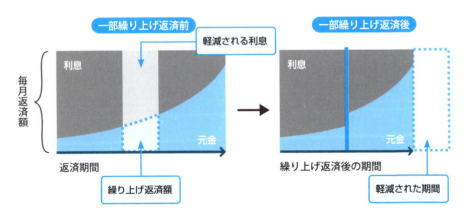

Chapter - 5

リフォームとターゲティング
で物件の価値をアップする

たとえ新築物件で不動産投資をはじめたとしても、時間と
ともにリフォームの検討が必要になります。単なる改修に
とどまらず、客層をターゲティングし、リフォームを経て
より魅力的な物件にする方法を解説します。

実践法則 28 外壁塗装、設備の更新の最適なタイミングは？

物件の価値をアップするリフォーム。大きな費用がかかる工事から小さなものまでさまざま。ここでは、見た目の印象が大きくかわって効果的な外壁塗装について、また、効率のいい設備の更新について解説していきます。

リフォームの最優先は外壁工事

不動産投資の主役は、賃料を稼いでくれる物件たちです。物件が傷み、入居者に快適な生活を提供できなくなれば、収益性は落ちてしまいます。ですから、不動産投資では、常に建物の状態に問題がないかをチェックすることが大切です。

長もちする建物の条件として、次の３つがあげられます。

❶ しっかりと設計されていること
❷ 図面通りに工事されていること
❸ 適切で予防的な点検・メンテナンスがおこなわれていること

中古物件を買った場合、❶と❷については、どうすることもできませんが、❸をチェックするだけでも、建物が長く維持できるかどうかがわかります。

具体的な方法として、最適なタイミングでリフォームをおこなうことがあります。リフォームは、物件の価値を上げる絶好のチャンスです。

建物の寿命を延ばすだけでなく、不動産投資の達人には、適切な修繕がされてこなかった物件を安値で購入し、リフォームで再生させ、高利回り物件に仕上げる手法で成功している人が多くいます。どこにでもあるタイプの部屋を、リフォームでオリジナリティ溢れる部屋に変えて、価値を上げることも可能です。

リフォームで物件の価値をアップする方法として、最も効果が出やすいのは外壁塗装でしょう。外観をキレイにすることで、建物の印象が一新され、入居率や家賃の向上につながるからです。

一般的に、木造住宅の場合、耐用年数は１０年程度（塗料の種類にもよる）といわれています。ただし、実際の塗り替え工事はそれより少し遅い１２～１５年

● 足場が必要になる工事

足場が必要な工事は費用がかさむため、同時におこなえるものがないか検討する

でおこなわれることが多いようです。塗装の現場で働いている人によると、ヒビ割れなど、壁内への影響が懸念される場合は別として、オーナーは「塗料が劣化したから」ではなく「外壁が汚くなったから」という理由で塗り替えるケースが多いとのこと。本来なら、塗料の耐用年数にあわせて塗り替えるのがベストですが、コストを優先するオーナーのほうが多いのが現実です。

塗装にかかる費用は、2階建て以上の建物の場合、足場が必要になることが多いため、最低でも百万円単位になります。**このうち、だいたい2～3割が足場代になります。**ですから、たとえば屋根など足場が必要な工事でついでにやってしまえる部分があるなら、足場がかかっている間に極力、おこなうことが望ましいといえます。

反対に、フラットルーフやバルコニーの防水などは、足場なしでの施工が可能な場合は劣化状況を確認したうえで、時期をずらして施工しても費用的には大差はありません。

塗装会社の担当者から、外壁と屋根の塗装の両方をすすめられたけれど、予算がないという場合、先方から「それなら、屋根はまだ大丈夫なので、今回は外壁だけおこないましょう」というような提案が出されることがあります。

こういわれると、何となく屋根の塗り替えは次回の外壁塗装工事（だいたい10年後）まで不要という気がしませんか？ しかし、決してそうではなく、次の年にすぐに塗装が必要になることも考えられます。「こんなことなら、外壁と一緒にやっておいたほうが安く済んだ」ということになるかもしれません。先延

ばしする場合も、その点は覚悟しておきましょう。

屋根周りなど足場が必要な工事で、同時に工事ができそうな部分があるなら、なるべく足場がかかっている間に実施することが望ましいといえます。

設備の工事は同時施工できないか検討する

次に、設備の更新についてです。設備の更新は建物の寿命には直接関係ありませんが、「入居者の満足度を上げる」「空室期間を短くする」という効果があります。

設備の更新に関する工事は、単独での交換が可能な範囲を同時におこなうことで、効率よく進められます。たとえば、浴室を交換する場合は洗面室もあわせて実施すると、床下地や浴室出入口面の枠や内装工事が、別々に施工した場合と比べて割安になります。

もしも、これを別々におこなった場合、内装工事を2回おこなうことになるために費用は上がります。両方の差額を把握したうえで、同時施工にするか否かを判断するといいでしょう。

500万円未満の工事は要注意

リフォーム業者の選定は慎重におこないましょう。国は2020年までに中古住宅市場、そしてリフォーム市場を倍増させようとしています。こうした成長戦略が必要な業界というものは、人材の課題や市場構造の未整備がついてまわります。

リフォーム業界は、以前に比べればかなり改善が見られるものの、いまだに悪質な業者や無知に基づくおかしな工事が散見されるのが実状です。ホームインスペクションの事例でも、明らかな施工ミスや手抜き工事を見つけることは珍しくありません。

その理由として、リフォーム業（建設業）は500万円未満の工事なら無許可でも請け負えるということがあります。そのため、レベルにバラつきが大きいのです。このような背景がある以上、「安さ」だけを理由に取引先を決めることはリスキーです。過去の実績や口コミなども参考に、信頼できて腕のいいリフォーム会社を見つけましょう。そうすることが建物を長持ちさせることにつながり、長い目で見ればお得なのです。

5

リフォームとターゲティングで
物件の価値をアップする方法

— OPINION —

賃貸が一番下層の日本の住宅ヒエラルキー ❷

新築の増加は喜ばしいことなのか

　持ち家を優遇して賃貸住宅からの移転を促す政策が長年継続したこの国で、非常に厳しい条件で事業を営んでいるのが日本の大家さんたちといえます。

　税制優遇も含めた国の予算の過半は、新築持ち家に振り向けられ、賃貸住宅に対する政策は手薄です。このヒエラルキーは、業界の企業内構図にもそのまま当てはまります。同じ会社でも、新築マイホームを扱う部署は花形で、中古物件やリフォームをおこなう部署は地味な扱いをされたりします。

　住宅設備も同様です。たとえばユニットバスやキッチンなどは、賃貸用の設備のほうが相対的にレベルが低いものになっています。不動産業界の人たちが、賃貸物件に住む人たちにはその程度の設備で十分だろうと考えているなら、おかしな話です。

　私はこのアンバランスさを解消したいという思いを、およそ20年前にこの業界に飛び込んだ頃から持ち続けています。「新築・中古、持ち家・賃貸のバランスがとれている住宅市場」が健全だと思うからです。そのためには、今のような新築住宅の増加を促進する政策を見直して、「世帯数や住宅数の現状や見通しから、必要な住宅数を割り出し、それに合わせて金利や税制などでコントロール、さらには建築立地も誘導していく」ことが、日本でも重要になってきます。

　こうした政策は、一般的な先進国ではあたりまえにおこなわれていることですが、日本では国も自治体も住宅総量の管理をしていないため、税金対策や景気対策として野放図に新築が建てられてきました。

続きは130ページ

123

実践法則

29 工務店？ 管理会社？ リフォームをどこに依頼するか

腕のいいリフォーム業者の情報は、大家さんならば誰もがほしいものです。しかし、「不動産投資にとってのいいリフォーム業者」とはどういったものか理解しておかないと失敗につながってしまいます。

不動産投資にとってのいいリフォーム会社の条件

不動産投資家が集まると決まって話題になるのが「いいリフォーム会社を知っていたら教えて」というものです。不動産経営をおこなっていると、常にリフォームの仕事が発生するので、いいリフォーム会社さんとつながっておくことは重要なテーマです。では、どんなリフォーム会社が投資家にとって、「いい会社」なのでしょうか？

❶ 小回りがきく

賃貸業で工事が必要となるとき、大半はトイレの水が止まらないとか、水道の蛇口から水が漏れるとか、ブロックが欠けたとか、壁紙が破れたとか、ほんのちょっとしたことです。ですから、電話1本でメンテナンスや小工事を発注できて、即対応してもらえる業者さんがパートナーにいると、賃貸経営がやりやすくなります。サラリーマン大家さんの場合には、平日の昼間にゆっくりと電話できる時間を確保しにくい現状があります。そんなときに、細かい指示を何度も出さなくても、ある程度おまかせできるようなパートナー業者がいると、ストレスもたまりません。

❷ 一定以上の規模

一定以上の規模の会社に依頼すると、職人の品質にバラつきがあって困るということは少ないでしょう。また、工事の途中で倒産するようなリスクも抑えられます。

❸ 賃貸物件の工事の実績が豊富

リフォーム会社のなかには、住宅の工事しか経験したことのない会社も多くあ

ります。そのようなところに依頼すると、賃貸では絶対に欠かせない「収益面」に配慮した提案は期待できないと考えたほうがいいでしょう。また、価格は高め、工事のスピードは遅い傾向も見られるかもしれません。

それはその会社が悪いというより、賃貸物件の工事と普通の住宅の工事の差です。新規の会社を開拓する際には、賃貸物件の工事をしたことがあるところを選びましょう。下に投資用物件と一般的な住居でのリフォームの考え方についてまとめました。

● 投資用物件と一般的な住居でのリフォームの考え方の違い

投資用物件でのリフォーム

● 良質な商品や魅力的な商品でも、あくまで収益を考慮する必要あり

● 自分の好みより、ターゲットの好みを優先

● 工事の際、他の入居者への影響に配慮が必要

一般的な住居でのリフォーム

● 資金に余裕があるなら、贅沢品も OK

● 自身のライフスタイルに合わせて、自由な設計・リフォームが可能

● 近隣への挨拶は必要だが、自身のペースで工事を進めることができる

---

❹ 予算と品質とスピードのバランスがよい

予算だけを見て業者を選定する大家さんが多いようです。しかし、安価でも、品質が伴わなければ、やり直しによってかえってお金も時間もかかることになります。スピードが遅ければ、それだけ入居者に迷惑をかけることにもつながります。そこで、業者選びには予算と品質とスピードのバランスを見ることが大切です。

ちなみに、個人ではなく一般的な会社組織にお願いする場合、規模が大きくなるほど、工事金額が上がる傾向にあります。また、大きな会社では、人事異動や退職などで担当者が替わるケースが珍しくありません。自分の物件の過去の工事のことも把握していて、いちいち説明をしなくてもパッとわかってくれる人がいいという場合には、あまり規模が大きくない会社を選んだほうが得策です。

また、これは規模に関係なく、どの業者に依頼した場合でも、工事履歴（仕様書・

図面・工事写真・打合せ記録……など）は残しておくようにしましょう。

リフォームを管理会社にまかせるメリットは？

リフォームをリフォーム会社ではなく管理会社におまかせするという方法もあります。

管理会社なら物件や入居者のことをよく知っていますし、何といっても「それ、お願いします」というだけで話が終わるので、オーナーは非常にラクです。

しかし、一般的に管理会社のおこなうリフォーム工事は、価格が高くなりがちです。それは、リフォーム会社から請求された代金のうえに管理会社が手数料を乗せてオーナーに請求する（これは一般にオーナーには知らされません）から、という理由もありますが、それ以外に「次の入居付けの際にプラスになるリフォームをしよう」と考えるから、という理由もあります。

これは、一概に悪いこととはいえません。一時的な出費は増えても、その後の入居率を上げることにつながれば、大家さんにとっても、管理会社にとっても、それはプラスのことだからです。

提案が必要な工事は管理会社に発注して、小工事や内装のみの場合には、別のリフォーム会社に依頼するという方法もあります。

しかし、同じ物件に複数の工事業者が入ると、あとのメンテナンスや不具合が出た場合に、責任の範囲が曖昧でトラブルになることがあります。ですから、別の工事会社にお願いする場合には、部屋を分けて発注するようにしましょう。

不動産投資歴が長い人のなかには、リフォーム会社や管理会社ではなく、職人さんに直接発注して、大幅にコストを浮かせているという人がいます。

職人さんは、電話帳で調べたり、土建組合に問い合わせて、紹介してもらったりすることができます。しかし、職人さんに直接依頼するとなると、大家さん自身（あるいはその代わりの人）が現場監督役になって、進行を管理しなければいけません。

また、建物や工事の知識がある程度ないと、どの業者に何をいつ発注したらいいかがわからず、かえって混乱することになります。初心者のうちからいきなり職人さんに発注するのは、ハードルが高いといえるでしょう。

DIYが好きで時間のある人なら、最初のうちは工事を発注して、やり方を覚えたら自分でやってみる、というのもいいと思います。自分自身でおこなうコストとメリットを照らし合わせて検討してみましょう。

126

実践法則	ターゲットを絞って	5

30 ターゲットを絞って選ばれる部屋をつくる

リフォームとターゲティングで物件の価値をアップする方法

「自分の物件にはアピールすべき強みがない」と悩んでいる大家さんがいます。しかし、そこであきらめるのではなく、ターゲットを絞ったり、発想の転換で強みを見つけられることがあります。また、PR方法を工夫することでお金をかけずに空室を埋める方法をご紹介します。

ターゲットを絞ればチャンスが生まれる

かつて、賃貸経営ではできるだけ間口を広げて、多くの入居者ニーズに対応できる部屋を提供することが正しいとされていました。

逆から見ると、そのような部屋は「どこにでもある部屋」ともいえるため、「駅から遠い」「築年数が古い」といったネガティブな要素が重なると、とたんに選ばれない物件となってしまいます。

最近うまくいっている大家さんには、ターゲットを絞って、その人たちに選ばれるような部屋をつくることにフォーカスしているという特徴があります。

その大家さんたちは、あえて万人向けではない部屋をつくり、「この部屋がいい！」という入居者さんを吸い寄せる手法を選んでいるのです。

別に難しいことではありません。そのエリアと物件の条件から、「どんな人に選んでもらいやすいか」を考えて、そのイメージがわいてきたら、その人たちに選ばれるように工夫を凝らしていけばいいのです。

たとえば、物件が狭いけれど、駅から近くて、近所にコンビニがあるなら、「仕事で忙しくて、家には寝るためだけに帰ってくる若い男性社会人」にターゲットを絞り、男性に好まれるようなクールな壁紙を選んでみてはどうでしょうか。

あるいは、少し駅からは遠く年数も古いけれど2人で暮らせる広さがあるという物件なら、カップルをターゲットにして、「同棲カップル歓迎」とアピールするといいでしょう。

線路のすぐ脇にあって騒音が嫌がられる部屋でも、電車好きな人にターゲットを絞り、「室内から電車がよく見える部屋」という特徴を打ち出せば、マニアたちの間で人気の物件になるかもしれません。

自分の物件には特にこれといった強みがないという人がいますが、簡単にあき

127

らめてはいけません。物件自体は平凡なスペックでほかの物件に埋もれてしまうという場合は、駅の魅力や、近所にある商店街やおいしいお店などを強みにするのもいいでしょう。「ラーメン好きの方におすすめの物件！ 近所に行列のできる有名ラーメン店があります」といった具合です。ユニークな例でいうと、駅から20分以上の距離がある物件について、「駅まで毎日、自然とウォーキングができます。運動したいけれど、ついサボってしまうというダイエット中の女性にぴったりの物件です」とPRしたところ、空室が埋まったというケースがあったそうです。

　ほかにも、シングルマザーに特化したシェアハウス、バイク好きが集まるガレージ付きマンションなど、ターゲットを絞って成功している例は多くあります。

　「ネコを飼育したい人専用の部屋」というアイデアも、近年は好評を得ているようです。ネコにかぎらず、ペットと暮らしたいという人は増えているので、「ペット可」や「ペット歓迎」から1歩進んで、「ペットを飼っている人以外はお断り」という物件があっても面白いのではないでしょうか。動物が触れないように電源のコンセントを通常よりも高い位置に設置したり、ペット専用の出入口を付けるなど、室内に工夫を凝らすことで、動物好きの入居希望者たちのニーズをがっちりとつかむことができるでしょう。

● ネコ好きに特化した物件の例

キャットウォークやネコ専用の出入り口を設置し、ネコ好きの人に訴求している（写真は満室研究所の山岡清利氏がプロデュースしたネコ好きの人のための賃貸物件）

物件の価値・魅力をどう伝えるか

　ターゲットを絞った部屋をつくるだけでなく、部屋を探している人たちに「このような部屋があります」ということをPRすることも大切です。

　一般的な賃貸住宅の客付業者さんは、いわゆる従来型の客付けをしていることが多く、駅からの距離、家賃、広さといった紋切り型の条件だけをもとに、お客さんに案内する部屋を選択しがちです。

　せっかく特色のある部屋をつくっても、そのような切り口で価値を決められてしまうと、入居希望者に部屋の存在を知ってもらうことができなくなってしまいます。

　そこでおすすめなのは、自分の物件の魅力をアピールできるような小さな写真集（パンフレット）をつくり、不動産会社の窓口に置いてもらうことです。

　それが難しいようならば、マイソク（物件広告）を自分でつくるといいでしょう。同じような物件案内資料がたくさんある中で、手づくりのマイソクはそれだけでも目を引きますし、アピールポイントをしっかりと書き示すことで、ターゲットとする人たちの目に触れる機会が増えます。

　次のリフォームの際は、無条件に「原状回復」するのではなく、「選ばれる部屋」にするために何かできないか、考えてみるといいでしょう。

● 物件PRのための小さな写真集の例

このような簡単なものでも入居のきっかけにつながる

OPINION

賃貸が一番下層の日本の住宅ヒエラルキー ❸

次のビジョンに向けて行動を

　不動産市場にかぎらず、日本の戦後レジームはどの分野にも散見され、高度成長期モデルのときと同じ法体制が維持されています。しかし、本来であれば、高度成長がとっくに終わり、人口動態にも劇的な変化が起きるのがわかりきっているのですから、次のビジョンに向けて、私たちも変わっていかなければならないはずです。

　私たち日本人は、すでにあるモノやコトについて「改善」することは得意ですが、新しいモノやコトを「生み出す」のは苦手です。このような場面では「まず理想を描く」、そして、「そこから逆算して行程表をつくって実行」というアプローチが有効です。

　世帯数の現状や将来予測、住宅数と築年分布、そしてその質についてはかなり正確に把握できているわけですから、これからどの程度の新築が必要か簡単にはじき出せるはずです。これをおこなわないから「新築を優遇する一方で空き家対策にも税金投入」といったおかしなことが起きるのです。

　2013年に公表された総務省の「住宅・土地統計調査」では全国の空き家は820万戸、空き家率は13.5%にのぼることがわかりましたが、2018年に公表される見込みの同調査では、おそらく空き家数はゆうに1,000万戸、空き家率は15%を超えているものと思われます。

　「持ち家か賃貸かというのは、利用形態の違いでしかない」といったところまで市場が成熟するのが理想ですが、大家の皆さんには、これから賃貸物件の地位を上げるように行動を起こしてほしいと思います。

実践法則 31 入居者の希望を生かす新時代のリフォーム

せっかくのリフォームも入居者のニーズに見合わない、オーナーの独りよがりのものならば効果は半減します。また、ニーズは気づかないうちに変わっているもの。いつの間にか、ニーズのない部屋となっていた、というようなことがないようにしましょう。

家電が変われば部屋も変わる

　成功している大家さんの特徴として、入居者たちのニーズをよく研究しているということがあります。「そんなことはあたりまえだ。自分だって入居者のことを考えている」という人も多いかもしれません。しかし、そういう人に話を聞いてみると、自分が若かった頃から情報がアップデートされておらず、最近の入居者の考えとは大きくずれてしまっていることがしばしばあります。

　たとえば現在では、1人暮らしをしている人たちに多く見られる傾向として「テレビを持っていない」ということがあげられます。

● 固定電話の保有状況（世帯単位、2015年、世帯主年齢別）

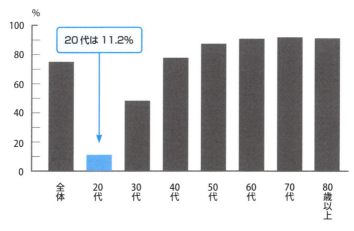

参照　総務省「平成27年通信利用動向調査」(http://www.e-stat.go.jp/SG1/estat/Csvdl.do?sinfid=000031444745) より 一部改変

テレビがなくても、パソコンやタブレットなどがあれば、無料で面白いコンテンツをいくらでも見ることができるので、わざわざ高いお金を出して、テレビを買おうとは思わないのです。かつて、携帯電話があるから平気、という理由で固定電話を持たない人たちが爆発的に増えたのと似たような現象です。前ページのグラフのとおり、今や20代で固定電話を持つ人は11％程度です。
　そうなると、新築物件をつくる際に、「ここに大きなテレビを置くだろう」「ここに電話を置くだろう」という前提で設計された部屋は、若者にとっては使い方を制限される「使いにくい部屋」になってしまうでしょう。その反対に、テレビを持たない人、固定電話を使わない人が、どのような家具や家電を持っていて、それをどのように配置することが多いのかを調べて、リフォームに生かすことができた人は、早期に満室へ近づけるかもしれません。

最近の人気設備は？

　人気がなくなっているものもあれば、高まっているものもあります。ニーズが強まっているものの代表に、スマートフォンやパソコンに関連する設備があります。
　学生向けアパートでは、「wi-fi無料」のサービスが空室対策に効果的だったという話はよく聞きます。コンセントからそのままスマホやタブレットが充電できるUSBコンセントも近年、人気が高まっているようです。また、パソコン用のルーターを設置する際に必要となる電話のジャックは、昔のように玄関や廊下の近くにつくってしまうと非常に不便です。そうではなく、パソコンを使うことが多いリビングの隅や書斎用のスペースにつくったほうが、使い勝手はよくなるでしょう。

● USB コンセント

　そのほかに、なかなか景気がよくならず、仕送りが減っていることから、男女共に自炊をする人が増えており、台所は大きめのものが好まれるという傾向もあるようです。
　これらのことを知っている大家さんと、まったく知らない大家さんとでは、部屋のリフォームや設備の選び方などにも当然違いが生じ、入居率にも大きく影響してくるはずです。

ニーズを反映した部屋づくりを

入居者ニーズは、入居者自身に聞いてみるのが一番ですが、それが難しいのなら、自分の物件の入居者層と同世代の知り合いや親戚などにヒアリングをするだけでも参考になるでしょう。それもできないという人も、心配することはありません。毎日のように入居希望者に部屋を案内して、人々のニーズを細かいところまで知っている不動産会社の営業マンたちに教えてもらえばいいのです。

ある大家さんは、新築アパートを建てる際に、最初は大きなワンルームをつくろうとしていました。そのほうが、自由な使い方をしてもらえていいだろうと思ったのです。

しかし、管理会社の営業マンから、「いくら広くても、ワンルームだと1人暮らしの人にしか選ばれない。それよりも、1人暮らしはもちろん、兄弟やカップル、新婚さん夫婦、母子家庭なども狙える2DKにしてみてはどうか。1LDKに見えて、実は2DKにもなるという物件なら理想的」とアドバイスを受け、そのとおりにしたところ、早期に満室を達成できました。

一方で、別のある大家さんは、海外旅行が好きで、特にヨーロッパのホテルをまわるのが何よりの楽しみでした。その大家さんは新築マンションを建てるときに、「自分が好きなものは、部屋を借りる人も好きだろう」と思い、誰にも相談せずに、ヨーロッパのホテルをイメージしたネコ足のバスタブをお風呂場に入れました。

すると、「洗い場がなくて不便」「手足を伸ばして入れない。四角い普通のお風呂のほうがいい」など、予想に反してこのバスタブが嫌がられて、入居付けに苦労することになったのです。これは、入居者ニーズを無視した悪い例といえます。

賃貸業はビジネスです。自分たちが賃貸物件に住んでいた頃と今とでは、入居者のニーズはかなり変わっているという現実を理解し、最新の入居者ニーズを常に取り入れることが、成功につながるのです。

実践法則 32 照明や小物の工夫で印象に残る部屋になる

内覧に来たお客さんへのアピールは十分にできていますか？「え？ そんな予算も時間もないよ」という声が聞こえてきそうですが、安心してください。ちょっとしたアイデア1つで、殺風景だった部屋が、新しい生活をイメージできる部屋に生まれ変わります。

ホームステージングを取り入れる

　日本では、入居者が退去したあと、原状回復が終わったら、家具を置いたり飾り付けをしたりすることなく、そのままガランとした部屋を内覧者に見てもらうことが一般的です。

　しかし、そのような何もない部屋を見ても、お客さんは、「ここでどんな生活ができるのかな」「ここで暮らすと、どんな楽しさがあるかな」ということをイメージできないまま、内覧を終えることになります。

　ただでさえ内覧は時間が短いものですし、ガランとした部屋は印象にも残りにくいので、安さや広さ、あるいはほかの強みをアピールしたライバル物件にお客

● ステージングの例

さんを奪われることになるでしょう。

　そこでおすすめなのは、**空室に家具やグリーンを置いたり、おしゃれな照明をつけたりして、お客さんにプラスの印象付けをする方法**です。

　これはアメリカではホームステージングと呼ばれ、売却予定の不動産をより早く、より高く売るためにおこなわれる手法で、以前から用いられています。アメリカでは専門のコーディネーターが家具や小物を含めたトータルコーディネートで室内を演出しますが、そこまで本格的にやらなくても効果は大きいものがあります。マンションのモデルルームなどを参考に、大家さん自身で準備をすれば十分です。友人・知人にインテリア好きな人がいれば、ぜひアドバイスをもらいましょう。

「キメ物件」に格上げするステージングのコツ

　仲介業者は、せっかく物件を案内しても、決まらなかったら1円にもなりません。忙しい繁忙期に、貴重な時間をムダにすることになってしまいます。ですから、案内をする際には、「見てもらえば決まるだろう」という部屋を優先的に案内することになります。

　そうした物件を、業界では「キメ物件」といいます。物件のステージングは、自分の物件を「キメ物件」にするために一定の効果があるといえます。

　ポイントは、賃貸物件に住む人たちが自分自身では買わないような、少し「非日常感」のある家具や照明を選ぶことです。たとえば、照明は部屋の印象を大きく左右するアイテムですから、よくある味気のないUFOタイプのものではなく、シャンデリアタイプや、スポットライトタイプのものを選ぶといいでしょう。

　賃貸物件でそのようなものを使うことは滅多にないので、高価なものではなくてもスペシャル感が増し、部屋全体をグレードアップして見せ

殺風景な部屋に家具を置いたステージングの例。非日常感を演出するものをアクセントとして配置する

ることができます。このとき、光の色はオレンジっぽいものを選ぶのがコツです。普通の蛍光灯の色（昼光色）では、オフィスのような無機質な色が野暮ったい印象を与えてしまうからです。

　天井にはあえて照明をつけず、間接照明を床に置いて使うのもおすすめです。アクセントクロスを使っているなら、その近くに間接照明を置くと、よりコントラストが鮮やかになって、モダンな雰囲気にすることができます。

　アメリカの映画に出てくるような鮮やかな色のカーテンをつけたり、壁にテキスタイルを飾ったりするのも、若い人には効果的です。

お金をかけずに申し込み率アップ

　よく誤解されるのですが、ステージングには高いお金をかける必要はありません。グリーンはレンタルのものでいいですし、家具もIKEAなどで安価でおしゃれなものを見つけることができるでしょう。

　ある大家さんは、ステージングをおこなう際に、その部屋のターゲットに合わせて、一部屋一部屋、家具や照明などを変えているそうです。たとえば、ファミリー向けの物件なら、子どもが喜びそうなイラストの入ったラグを敷く、シングル男性向けの物件なら、無骨な家具を置いてクールさを演出する……という具合です。

　その大家さんは、安い備品を上手にステージングに使い、「ほしい方にはさしあげます」と伝えることで、高い申し込み率を実現しているそうです。

　ステージングは、賃貸だけでなく、売却の際にも有効です。この方法は、まだまだ実行している大家さんが少ないので、すぐに効果をあげていくことができるでしょう。

● **安価なインテリアグッズ**

 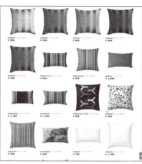

IKEAなどでは、比較的安価でおしゃれなランプシェード、クッション、紙製インテリアグッズなどがそろう（IKEAのWebサイトより）

実践法則 33 高齢者や外国人はリスクか？

これまでさまざまなリスクがあるとされ、避けられがちだった高齢者や外国人の入居。しかし、高齢化社会、人口減を考慮すると安定した不動産経営のためには次の戦略が必要なようです。

高齢者NGではやっていけない

高齢者といえば、これまで「所得が年金だけなので家賃の支払いに不安がある」「孤独死の危険性がある」といった理由から、ネガティブなイメージを持たれやすい存在でした。はっきりと、「高齢者の1人暮らしはNG」という大家さんもいまだに多くいます。しかし、2013年の時点で、日本の人口の25％は65歳以上の高齢者が占めています。そして、2050年には人口の35％以上が高齢者になるのです。

● 高齢者人口（65～74歳、75歳以上）とその割合（2020年以降は推定値）

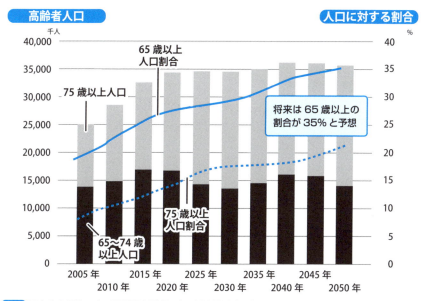

参照 国立社会保障・人口問題研究所「日本の将来推計人口」より一部改変

今後、さらに高齢者が増えていく日本で、「高齢者には部屋を貸しません」などという姿勢でいては、賃貸経営は成り立たなくなってしまいます。

　政府も「高齢者」や「子育て世代」に対して、きちんと住宅を提供できる状態をつくろうという政策を打ち出しています。今までは公営住宅がその受け皿になっていましたが、立地のいい公営住宅などではいくら待っていても空きが出ないという状況が続いていました。

　そこで、全国にある空き屋を「準公営住宅」のような形で貸し出し、高齢者世帯や子育て世帯に、「事実上の補助金」を出すことで安心して住んでもらうというしくみが、整備されつつあります。このように、これからの日本では、高齢者も「賃貸人」として大きな存在になってくるといえます。

▌観光客だけではない！　働く外国人

　外国人についても同様です。今まで、外国人といえば、「部屋を汚す」「日本の慣習を理解しようとしないため、近隣トラブルの原因になる」「勝手に仲間を住まわせている」といったイメージを持たれがちでした。

　実際、そういう人たちも一定数はいるでしょう。しかし、大半の日本に住む外国人たちは、まじめで日本人の決めた日本のルールに従おうとしています。それにもかかわらず、いまだに「外国人は無条件でNG」という大家さんは多く、日本の外国人たちは住まいを探すのに苦労している状態です。

　ただし、この状況も今後は変わらざるを得ないでしょう。誰もが知っているように、現在の政権は海外からの観光客を大幅に増やすことを目標に掲げています。人口減少が進む日本で、経済を発展させていくためには、インバウンド事業に力を入れていくことは当然の流れだからです。具体的には、2015年に約2,000万人だった外国人観光客を2020年に4,000万人、2030年に6,000万人まで増やすことを目指しています。

　6,000万人を達成できれば、世界でも5位の観光立国にランキングされます。中国が現在、5,500万人ですから、それを上回る数字です。

　そして、観光客が増えれば、当然、日本で働く外国人も増えることになります。今まで、日本では外国人の国内での労働に対して、厳しい制度を設けていました。しかし、観光客を増やす政策を進めると同時に、これらも徐々に緩和する方向です。東京都は現在、「アジアヘッドクォーター特区」を指定していますが、実際にこの地区では「外国人にたくさん働いてもらう」ということを謳っています。

　つまり、近い将来、日本で働く外国人の数は大幅に増えるのです。そうなれば

● 訪日外客数の推移

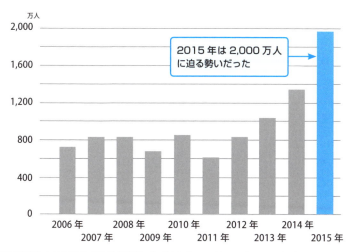

参照 日本政府観光局（JNTO）「訪日外客数（年表）」（http://www.jnto.go.jp/jpn/statistics/since2003_tourists.pdf）より一部改変

当然、彼らの住む部屋が必要になります。そこで彼らに選ばれる部屋を提供しようとする大家さんと、相変わらず「外国人はダメ」といっている大家さんとでは、どちらにビジネスチャンスが訪れやすいかは、明白でしょう。

外国人向けに需要が出てくるのは「普通の物件」

　外国人を積極的に受け入れていくためには、外国人の好む部屋づくりや、英語の案内などが必要になってきます。
　現在の日本では、渋谷区・広尾などに多い家賃が 40 万円を超えるような高級賃貸物件と、新宿区などに多い安価なシェアハウスに二極化される傾向にあります。前者は大使館員や外資系 IT 企業の幹部などの富裕層向けで、後者は飲食店や工場労働者などのブルーカラー向けです。
　しかし、今後はこの中間の「普通の物件」が多く求められるようになるでしょう。ここで大切なのが、外国人にとっての「普通」をオーナーが理解することです。
　たとえば、外国人にとってはバスタブは不要だけれど、家具・家電はあらかじめ揃っていたほうが訴求力が高い、ということがあります。日本人とは異なる価値観を理解し、優良な外国人入居者を呼び込むことができれば、ターゲットが広

139

がる分、賃貸経営は安定します。

「それでもやっぱり心配……」という人には、「定期借家」のしくみを使うことをおすすめします（定期借家については、 実践法則42 で解説します）。日本人にはあまりなじみのない定期借家ですが、海外ではごく一般的なルールであるため、すんなりと受け入れられるはずです。

このやり方なら、問題のある入居者は次の更新を断ることもできますし、更新のたびに賃料を上げるといったことも可能になります。「何年間か限定で貸したい」という場合は、最初から「外国人向け」と決めて、定期借家で貸し出すのもいいでしょう。

Column

改装可能な賃貸物件だけを紹介する不動産サイト

DIYP

入居者が壁にペンキを塗ったり、床を張り替えたり……と賃貸では珍しい改装可能な物件ばかりを紹介するサイト。リノベーションを施し、自分らしい住まいにしたいという需要は年々高まっており注目されている。

http://diyp.jp

Chapter - 6

満室経営をつらぬく
集客と管理の法則

物件が整ったらいよいよ集客です。オーナーの役割をしっ
かりと理解し、管理会社をはじめとするパートナーたち
と協力しながら満室経営を維持しましょう。

実践法則 34 不動産投資におけるオーナーの役割を心得る

あなたが副業でおこなうサラリーマン大家さんだとしても、不動産会社をはじめあなたの物件にかかわるスタッフにとっては上司、リーダーです。彼らとどのような姿勢で接するべきか、その心構えを考えていきましょう。

■ 求められるのは謙虚な姿勢とリーダーシップ

本業と両立させながら、成果をあげている投資家の方たちの多くは、管理会社や賃貸の客付業者さん、あるいはリフォーム業者さんなどと、上手に付き合うことができています。

「この人は上手に賃貸経営ができているな」という人の共通点として、「お願いしたことをスムーズにやってくれてありがとう」「あなたのおかげで、自分は賃貸経営ができています」という謙虚な姿勢でいることがあります。

ただし、大家の仕事は、謙虚さだけでは務まりません。同時に、リーダーシップも求められのです。サラリーマン大家さんのなかには、不動産投資を「副業」「副収入を得るための手段」ととらえている人も多いと思います。しかし、不動産会社やリフォーム会社のスタッフから見れば、そんなことは関係ありません。

彼らと仕事をするときは、事業主という立場から、相手に「どうやって気持ちよく動いてもらうか」ということを意識して、適切な指示を出すことが求められるのです。

リーダーシップのイメージがわかない人は、「会社における上司」「会社における経営者」のような感覚を心がけるといいでしょう。オーナーに協力してくれる周りの業者さんたちは、「賃貸物件を満室にすること」「そして入居者に快適に住んでいただくこと」という同じミッションを成し遂げるためのチームです。

実際に作業をしてもらうのは現場の人たちだとしても、チームを1つにまとめあげて、目的を遂行するための作戦を考えるのはリーダーの仕事です。「自分は大家になったばかりでよくわからないので、全部おまかせします」という頼りないリーダーでもいけませんし、「お前たちは黙ってオレのいうことを聞いていればいいんだ」という横暴なリーダーでもいけません。

もし、自分が逆の立場だったらどうか、ということをイメージして、相手から

見て「協力したくなる大家さん」「仕事がしやすい大家さん」を目指しましょう。協力者が増えるほど、賃貸経営はスムーズにおこなえるはずです。

客付業者や管理会社といい関係を築けていると、お互いの事情を理解したうえでビジネスを積み上げていけるため、判断に迷ったときも、適切なアドバイスをもらうことができます。

注意点としては、こちらが誠実に仕事をしているのに、人として不誠実であったり、プロとして仕事を任せられる一定のレベルに達していなかったりする場合には、担当者や付き合う会社を変えるのもいいと思います。投資である以上、情に流されず、そのあたりはシビアにやるべきです。

さらに必要なのは「判断力」

オーナーにとって大切な資質には「判断力」も欠かせません。たとえば工事の見積もりが上がってきたとき、はたしてその見積もりは適切なものなのかどうか、きちんと見極めができるということです。

「その工事は本当に適正か」「ほかにもっといいやり方はないのか」「そもそも今この工事は必要か」「価格や工期は妥当か」……こうしたことを短時間に判断するためには、その判断基準が自分のなかにあるのが前提です。

工事の見積もりにかぎらず、融資や税金、会計の知識、入居者募集のマーケティングノウハウ、入居者へのホスピタリティーなど、幅広い知識が求められます。また、賃貸住宅にはその時々のトレンドもあり、内装材や設備などの新商品も次々と出てきます。さらに、地域の市場動向も定期的にウォッチしておく必要もあるでしょう。

投資家は常に研鑽を怠ることができません。事業主なのですからあたりまえといえばあたりまえですね。こうした努力を継続できるかどうかが、不動産投資成功の必須要素でしょう。成功している大家さんは、勉強熱心で、またそれを楽しんでいるところに共通点があります。

6

満室経営をつらぬく
集客と管理の法則

実践法則

35 管理会社の選び方と、味方にするための付き合い方

オーナーにとっての心強いパートナーとなるのが管理会社です。管理会社の役割は多岐にわたりますが、そのコストに見合ったものでしょうか。ここでは管理会社と二人三脚で不動産投資を成功させる方法を解説します。

管理会社の役割とコスト

不動産投資のメリットの1つに、業務の大半を人に任せられるということがあります。この特性を活用することで、本業が忙しいサラリーマンでも、物件が遠方にある場合にも無理なく賃貸経営ができます。

仕事を任せる相手は、主に管理会社です。管理会社に依頼できる主な仕事の内容には、次のようなものがあります。

- 家賃の集金・督促
- 入居者からのクレーム対応
- 空室が発生した際の入居付け
- 物件の清掃
- 空室が発生した際の入居付け
- 退去時の立ち会い、現状回復工事の手配

これだけのことをお願いして、管理費は通常、家賃の5%程度。3万円の部屋が6つあるアパートで、9,000円程度の負担です。

とはいえ、タダではありませんからコスト削減のために自主管理を選ぶ人もいます。自分で手間ひまをかけるのを惜しまず「そのための時間が確保できる」という場合には、それも悪くない選択だと思います。管理会社を通さずに、直接入居者さんとやりとりをすることで、入居者のニーズを直接知ることができますし、対応にもスピード感が出るからです。

しかし、入居者のなかには、電話をとった瞬間からものすごいクレームを言っ

てくる人や、ささいなことで何度も電話をかけてくる人がいないともかぎりません。平日の昼間は電話に出にくいサラリーマンが大家さんの場合には、「いつ電話しても、出ないじゃないか」と、かえって入居者の不満につながります。

そもそも、入居者からかかってくる電話というのは、「トイレが壊れた」「テレビが映らない」「家賃の入金を少し待ってほしい」「隣の人が夜中に音を出すのでうるさい」「退去します」といったものが中心で、基本的にハッピーなものではありません。神経質な人や気が弱い人のなかには、「自主管理をしていた頃は、電話がなるたびに、ブルーな気分になった」という経験をした人も多いようです。そういう場合には、無理をせず、管理会社に任せたほうがいいでしょう。

管理会社の選び方

では、どのような管理会社を選べばいいのでしょうか。まず、基本となるのは、物件の近くにあるということです。物件から遠いと、「近くで部屋を探している」という入居者が立ち寄る可能性が低くなりますし、何かあったときに物件にかけつけてもらうスピードも遅くなってしまうからです。

物件の近くにある不動産会社をいくつかまわって、自己紹介や自分の物件について話す中で、「その物件なら、こうすれば埋まります」というふうに、大家の立場に立って提案してくれる会社があれば、候補として検討してみるといいでしょう。反対に、土日が休みの会社や言葉遣いが荒い会社などは避けましょう。

また、レスポンスの遅さ、引継ぎのまずさは、管理を依頼する際には大きなネックになります。情報がすべてデータ化されており、誰が電話に出ても、スムーズに本題に入れるような会社なら、理想的といえるでしょう。

ただし、地方の場合は、「管理会社の選択肢がない」ということもあり得ます。そんなときは、「よい管理会社を選ぶ」という意識を捨てて、自分が相手といい関係を築くことで、よい管理会社になってもらう、という発想の転換が必要です。

目指すのは二人三脚

管理会社と付き合うときの注意点として、「好かれる大家さんになる」ということがあげられます。昔は「大家がお客さん」という考えが根強く、不動産会社などに対して、「仕事を出してやる」といった態度をとることも珍しくありませんでした。しかし、物件が余っているこの時代にそのような態度をとれば、自分で自分のクビを締めることになるだけです。

勉強熱心な大家さんたちの間には、一般的な不動産業界の人よりもずっと、豊富な知識を持っている人が多くいます。

　その中には、不動産会社のスタッフに対して、「勉強不足だ」「そんなことも知らないのか」と怒り出すような人もいるようです。しかし、感情的になって相手を怒鳴りつけても、問題は1つも解決しません。相手が知らないなら、知っている自分が教えてあげて「こういうことをやってほしい」とレクチャーすればいいのです。

　先日も「あの業者はレベルが低いから、別のところに変えたよ」などと言って、次々とお付き合いする業者を変えていた大家さんに会いました。ところが、よくよく話を聞くと、相手に対して非常にマニアックな知識まで求めており、「そのレベルまでわかっている人は、不動産業界にもほとんどいませんよ」というような内容でした。このような考え方では、いつまでも納得のいく業者を見つけることはできないでしょう。

　勉強熱心なのはもちろん、いいことです。しかし、それにより大切なビジネスパートナーとの関係性を悪くしてしまうなら、本末転倒。信頼できる相手を見つけたら、その知識を生かして、二人三脚で満室経営を目指せばいいのです。

一緒に仕事をしたい人になる

　相手がよかれと思って言ってくれたことをまったく聞こうとしない人、というのも困りものです。当然ですが、そんな態度では、仕事はスムーズに進みません。たとえば空室期間が長引いたときに、管理会社のスタッフが、「こういった工夫を施したほうがいいですよ」と伝えても、「昔はそんなことをしなくても埋まっていた。不動産会社の努力が足りないのではないか」とすべて人のせいにするタイプの大家さんです。こういう人は、意外と多くいます。

　あたりまえですが、不動産会社のスタッフだって人間です。自分を大切にしてくれる人、これからも一緒に仕事をしたい人のために、力になりたいと考えます。逆に言えば、そうでない人には「こんな人の物件にお客さんを案内してやるもんか」と考えることもあるのです。

実践法則 36 オーナーのマーケティング力で入居者を引き寄せる

物件の魅力が少なく入居者が決まらない、と悩んだことはありませんか。最近では、これまでの価値観にとらわれないさまざまな物件がオーナーによって企画されています。人気物件のつくり方を身につけましょう。

■ 高めの家賃で満室経営が続く秘密

現在の日本ではすべての分野で二極化が進んでいます。これは、賃貸住宅市場も例外ではありません。

地方のみならず、首都圏でも空室率が上がっていることはすでに述べましたが、その一方で、「退去待ち」の入居希望者がズラリと並んでいる人気物件も存在します。

その1つが、東京・平和台にある「青豆ハウス」。ここは長屋のように横に8つの3層トリプレットの物件（8戸）で、1階にお風呂・トイレ・寝室、2階に玄関・キッチン・ダイニング、3階にリビングルームという間取りの賃貸マンションです。

この物件の特徴は、入居者が壁紙、キッチンタイル、ブラインドの色などを選べる「カスタマイズ賃貸」という手法をとっていること。入居者は入居前に好きな色のペンキで壁を塗り、好きな柄の壁紙を自分で貼ることで、賃貸でありながら、世界に1つだけの自分らしい部屋をつくることができます。

また、入居者間のコミュニケーションが盛んなのも特徴で、オーナーの青樹純さんがさまざまなイベントを企画し、ただ住む空間を提供するだけでなく、「楽しい暮らし」そのものを提供しています。

この青豆ハウスの家賃は、近隣相場の約1.3倍。それでも、「ここにしかない価値」を求めて入居希望者があとを断ちません。入居募集の方法としては、青樹オーナーがブログなどを通じて、この物件でどんな暮らしができるのかという世界観をアピールしています。

「青豆ハウス」のある練馬区の平和台駅は、特別に人気のあるエリアではありませんし、前述のとおり家賃も高めです。

6

満室経営をつらぬく集客と管理の法則

● 青豆ハウス

入居者が自由に壁を塗ることができる。下の写真は完成後のもの

　それでも満室経営を続けられるのは、この物件の強みが入居者を引き寄せているからです。
　競争の激しくなるこれからの賃貸経営で、青豆ハウスの取り組みは、すべての大家さんの参考になると思います。

自分の物件の強みの見つけ方

相場の1.3倍の賃料にもかかわらず入居待ちの列ができている「青豆ハウス」の例からは、賃貸物件に住む人たちが、決して画一的な部屋を求めているわけではないということがわかります。

強みを持たない物件は、古くなればなるほど、家賃が低下して、経営が苦しくなっていきます。もしも、自分の物件がそのような悪循環に陥っているのなら、近隣の物件には違う強みを付加して、悪い流れを断ち切るアクションが必要です。

やり方としてはまず、近隣の同じ賃料水準、もしくは、自分の物件よりもやや高い賃料水準の物件を見せてもらい、「自分の物件のプラス面とマイナス面は何なのか」を把握したうえで、自分の物件ならではの強みを加味するといいでしょう。

たとえば、青豆ハウスのように、内覧の段階では壁紙を決めず、入居希望者に対して、「この中から自分のお好きな壁紙を貼っていいですよ」と伝えれば、入居者はワクワクして、その部屋に関心を持つでしょう。壁紙は、単価がそれほど高くない割には、部屋の大きな面積を占めるため、施工したときのインパクトが大きく、入居者満足につながりますし、その部屋に愛着を持ってもらうことで、長期入居にもつながります。

同時に、客付け賃貸会社や管理会社に対して、その物件の特徴をしっかりと伝えることも大事です。また、ネットで部屋探しをする人のために「東京R不動産」（https://www.realtokyoestate.co.jp/）に代表される個性的な物件を集めたサイトに掲載を依頼し、そのような物件を求めているお客さんの目に触れる機会をつくるようにしましょう。

リノベーション会社として有名なブルースタジオも、リノベーションを行う際に、入居者の性別や年齢、職業はもちろん、読んでいる本や洋服の趣味、週末の過ごし方といった細かい点までペルソナ設定をして工事に取りかかります。間口を狭めるほど、狙った相手に深く刺さり、その部屋を選んでもらいやすくなるからです。

賃貸物件を商品として考えるとき、マーケティングは必須です。この意識を持っているオーナーとそうでないオーナーとでは今後、大きな差が開いていくことになるでしょう。

大切なのは、自分の物件を「その他大勢の記憶に残らない物件」から、「強みのある選ばれる物件」に変えていくことです。オーナーならではの経営哲学を反映することで、入居者に喜んでもらえる工夫ができないか、知恵を絞りましょう。

そして将来的には、「このオーナーの物件に住みたい」と言ってもらえるようになれば、築年数や駅からの距離にかかわらず、優良な入居者を引き寄せることができるはずです。

Column

こだわり物件をマッチング　不動産のセレクトショップ

東京R不動産
　旧来の不動産の価値観とは異なるこだわりの物件や一風変わった物件を中心に紹介するのが「東京R不動産」。サイトには、不動産のセレクトショップともいうべき個性的な物件が並ぶ。通常、「駅近」「風呂トイレ別」などのキーワードでおこなわれる絞り込み検索も、こちらは「倉庫っぽい」「レトロな味わい」などのユニークな特徴で探せるため、なかなか評価されにくい物件でも人気になることがある。大阪版、福岡版などもあり。

https://www.realtokyoestate.co.jp/

実践法則 37 客付け業者の立場に立てば「選ばれる物件」がわかる

自分の物件に入居者を集めるためには、客付け業者がどのように考えてお客さんを案内しているかを考える逆転の発想が必要です。ここでも相手の立場に立って考える、ということが重要なポイントとなります。すぐにはじめられる「選ばれる物件」になるためのテクニックを中心に解説していきます。

■「応援したい」と思われる物件にする

退去により空室が発生した際には、急いで次の入居者を募集することになります。このとき、どんな点に注意すればいいのでしょうか。

客付けの際に最も大きな力になってくれるのは、管理会社です。管理会社は多くの管理物件を抱えていますが、その中でも、❶自社の物件、❷サブリースをしている物件、❸自社管理の物件、❹自主管理オーナーの物件、❺一般の物件（仲のよい会社の物件）、❻一般の物件（付き合いのない管理会社の物件）の順で優先的に客付けをおこなうのが一般的です。

ただし、優先順位が低い物件でも、仲介手数料や広告費を多くもらえる場合は、順位は一気に上がります。空室の多い物件を購入し、1日も早く満室経営にしたいときなどは、広告費を増やしてスピーディに埋めてもらうというのも1つの方法です。

「自分の物件は、自社管理物件だから特別なことをしなくても埋めてもらえる」と思っている人もいるかもしれませんが、今はそんな時代ではありません。大手の不動産会社なら、自社管理物件だけでも何千件、何万件という物件を預かっています。その中から「この物件を応援したい」と思ってもらうには、大家さん側の工夫が必要になってきます。

具体的には、次のようなテクニックがすぐに実践できるうえ、効果が高くおすすめです。

- 入居者募集用の物件の写真を提供する
- カギを現地に置く

6
満室経営をつらぬく
集客と管理の法則

151

- 営業マンに裁量を持たせる
- 相手からの連絡にすぐ対応できるようにする

それでは次から詳細にお話ししていきましょう。

すぐに実践できるテクニック4つをマスターしよう

「選ばれる物件」になるためのテクニックについてくわしく説明します。

1 入居者募集用の物件の写真を提供する

昔と違い、部屋探しをしているほとんどの人が、インターネットなどで内覧したい物件の目星をつけてから、店を訪れます。ですから、最初の勝負は、「サイトに掲載される写真をいかに目を引くものにするか」という部分にあります。人間でいうとお見合い写真と一緒ですから、その部屋の魅力が画面から伝わるような、ステキな写真を掲載することが大切です。

ところが実際には、「写真が載っていない物件」「写真はあるけれど外観のみの物件」「室内の写真があってもリフォーム前の汚い写真や暗い写真ばかりという物件」がたくさん掲載されています。これは、ぜひ自分の目でチェックしてみてください。
　どうしてこんなことが起きるのかというと、不動産会社の営業マンたちは、扱う物件が多すぎて「写真映りのよさ」や「物件の魅力を伝える」といったところにまで気が回っていないからです。
　ライバルがそんな状況であるならば、これはチャンスです。外観、室内、トイレ、浴室など、見る側の立場に立った写真が豊富に掲載されていて、しかもその写真がステキだったら、内覧希望者はそこを選ぶはずです。
　デキるオーナーはそれをわかっていて、自分で写真を用意して、管理会社の担当者に渡しているケースが多いようです。なかには、わざわざプロの写真家に撮影を依頼している人もいます。それほど、物件の写真は重要なのです。

2 カギを現地に置く

　カギは現地に置くようにしましょう。管理会社は通常、自社だけでなく、近隣の不動産会社にも空室情報を流します。その会社のお客さんが部屋を見たいとなったときに、「では、うちまでカギを取りに来てください」となると、そこで時間をロスすることになります。**もし、管理会社が休日だったり、営業時間を過ぎていたりしたら、内覧希望者がいるのに、カギがなくて物件へ案内できない**ということになってしまいます。
　カギを収納できる暗証番号付きボックス型南京錠（2,000円台から購入可能）を空室のドアノブに設置するなどして、カギを受け渡すようにすればこのようなロスは防ぐことができます。不動産会社から内覧の希望があった際に、案内がスムーズに進む体制をつくりましょう。

3 営業マンに裁量を持たせる

　管理会社にある程度の裁量を持たせることも効果的です。

　内覧者に物件を案内していると、「あと2,000円安くしてくれたらこの部屋に決めます」というようなやりとりがしばしば発生するものです。

　そんなときに、「オーナーに確認するので、返事は明日になります」と答えるよりも、「はい、2,000円ならOKです。オーナーからも許可を得ています」と即答できたほうが、申し込みが入る確率はアップします。

4 連絡にすぐ対応できるようにする

　連絡をつきやすくするというのも、スピードアップをはかるためには必要です。空室がある間は、営業マンからいつ電話が入るかわかりません。「あのオーナーはいつ電話しても留守電だし、折り返しも遅いんだよなぁ……」と思われてしまうと、「面倒だから、次からはこの部屋をすすめるのはやめよう」ということになりかねません。仕事中に電話で話すことが難しいなら、メールやメッセージアプリなどほかの手段を確保しましょう。家族の協力が得られるならば、事前に情報を共有しておき電話対応を任せられるとベストです。

　以上のような、今日からでもすぐにできるようなことを躊躇しているようではまだまだです。

　すべてを管理会社に任せて、「まだ埋まらないの？」と受身でいる大家さんと、自分でもできるかぎりのことをして、「何かほかに協力できることがあったら言ってください」という姿勢の大家さんでは大きな差がつきます。

154

実践法則

38 入居者需要の長い物件にするには

たとえ満室となっても油断は大敵です。不動産投資のポイントは、何といっても長く住んでもらう物件をつくり上げること。ここでは、少しでも長く入居者に住んでもらうための秘訣を紹介します。

長く住んでもらうことが一番大事

空室対策というと、空いた部屋を埋めるというイメージがありますが、それ以上に大切なのは、現在の入居者に長く住んでもらうことです。退去が発生すると、現状回復工事の費用がかかりますし、次の入居者が決まるまで、空室期間も発生します。地域によっては広告費も必要ですし、精神的にもプレッシャーがかかります。ですから、退去を防ぎ、1日でも長く住んでもらうために、大家は日頃から工夫を凝らすべきです。

おすすめは、入居者へのアンケートを実施することです。簡単なアンケートでも、入居者の本音を知るのに役立ちます。

入居者の多くは、本当はちょっとした不満があったとしても、ガマンして生活していることがよくあります。

たとえば、「エアコンの温度調整がうまくできない」「キッチンの扉の取っ手が外れた」など、本当は小さな不便があるのに、「管理会社にクレームするまでもないか……」と片付けてしまうのです。こんな潜在的な不満は、1つひとつは些細なことでも積み上がれば退去へとつながります。

そこで、**大家さんの側から入居者に歩み寄り、あらかじめ隠れた要望を拾い上げることで、入居者の満足度を上げるのがアンケートの目的です。**

アンケートは春に実施

アンケートをおこなうタイミングは、春の引っ越しシーズンがはじまる前がいいでしょう。「何かご不満はありませんか?」という質問項目のほかに、「退去の予定はありませんか?」「退去の予定がある方は、その理由を教えてください」という質問をつければ、突然の退去予告にあわてることがなくなります。

6

満室経営をつらぬく
集客と管理の法則

155

● 入居者へのアンケートの例

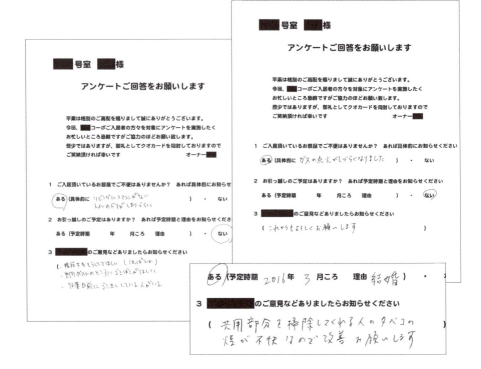

　また、転勤や結婚といった事情があるなら仕方ないとしても、「家賃が高いから」「更新料がもったいないから」といった理由ならば、大家さんが何かしらの対策を講じることで、退去を考え直してもらうこともできるかもしれません。たとえば、「今回から更新料は結構です」「長く住んでいただいたので、家賃を3,000円引かせていただきます」と提案してみてはどうでしょうか。
　次の入居者がすぐに埋まる部屋なら、こんなことをする必要はありませんが、そうでない場合には、これらの対応がトータルで見て大家さん側にプラスになることが多いでしょう。
　そのほかに、**相場よりも少し安く家賃を設定する（ほかの部屋に引っ越すメリットがない）、収納の多い部屋をつくる（荷物を大量に捨てないと引っ越せないので、引っ越しが面倒になる）**、といったことも、退去防止には有効とされています。
　大家さんは満室の際はやることがないと思われがちですが、「退去防止」という大切な仕事があるのです。

実践法則 39

居住用だけではない
さまざまな不動産投資

不動産投資には、居住用ではない「変化球投資」という選択肢もあります。
居住用としては今イチな条件でも、駐車場やほかの用途であれば十分に収益
が出るというケースも少なくありません。

地方でも一定のニーズが眠っている

不動産投資というと、アパートなどの「居住用不動産」をイメージする人が多いと思いますが、実際にはそれ以外にも、さまざまな手法があります。

近年、ニーズが強まっているものとしては、シェアオフィス、トランクルームなどがあります。特にトランクルームは、都心だけでなく、マンションの多い場所なら地方でも一定の需要が見込まれます。もともとは荷物の多いアメリカ人の間で広まったもので、アメリカでは大きなマンションが、一棟丸ごとトランクルームとして使われているようなケースも珍しくありません。

日本でも、季節物の大きな荷物をしまうという一般的な使い方以外に、趣味のものを保管しておく、オートバイを置いておく、亡くなった親の思い出の品をとっておくなど、多種多様な使い方がされています。

運営は専門の業者に任せることが可能ですが、近年はトランクルームをはじめたい人のためのセミナーなどもひんぱんにおこなわれています。

駐車場経営のメリット・デメリット

立地はいいけれど形が悪い土地を見つけた場合などは、月極駐車場やコインパーキングを経営するという選択肢が考えられます。駐車場は、アパートやマンションを建てるのに比べると、ごくわずかな初期投資ではじめられます。

また、撤退することになった場合でも、アパートやマンションのように入居者に出て行ってもらう必要がないため、事情があって、一定の期間だけその土地を活用したいという場合にも有効です。

売上は月極駐車場よりもコインパーキングのほうが多いのが普通ですが、コインパーキングは月極駐車場に比べて多くの設備が必要となるため、初期費用が高

6

満室経営をつらぬく
集客と管理の法則

157

くなります。

　いずれの場合も、自分で運営するのは難しいという場合は、専門の会社に運営を依頼する（借り上げてもらう）ことができるので、複数の業者をあたり、条件を比較してみるといいでしょう。

　駐車場経営のデメリットとしては、建物がないため、減価償却などの節税的な効果が得られにくいことがあります。また居住用と同様に、ニーズを読み間違えると経営が成り立たないので、マーケティングは必須となります。

マンションを買ったら管理組合に積極的に参加しよう！

投資用物件で管理組合？

　投資用マンションのオーナーの多くは、マンションの管理に無関心です。先日も、ある投資用マンションで理事会を開いたところ、50人中2人のオーナーしか参加せず、大部分のオーナーが「委任状」で済ませたため、マンションの管理会社が提案する内容をすべて受け入れることになったという話を聞きました。

　この状況は、決してマンションの維持管理にとっていいことではありません。その証拠に、日本に600万戸あるマンションのうち、半数は2回目の大規模修繕の際にお金が足りなくなり、一時金を集めることになったり、管理組合が借金をしたりする羽目になっています。2回目の大規模修繕といえば新築からわずか24年〜30年程度。それでも、修繕積立費が不足してしまうのは、マンションの管理会社や、理事会に参加する一部のオーナーたちでさえ、工事費用が適切なのか、あと何年で不足しそうなのかがわかっていないからです。

　そこでおすすめしたいのが、マンションを買ったら管理組合に積極的に参加をして、どんどん自分の意見を提案することです。昔に比べて、情報は豊富です。勉強をして、得た知識を生かすことで、適切に維持管理し、資産価値を向上させることができます。

　昔から、「マンションは管理を買え」といいますが、正しくは「管理組合を買え」という意味です。目先の家賃収入や利回りだけでなく、長い目で収益を考えたとき、自分が「管理組合」に積極的に参加し、適切な管理を行っていくことは、投資としても必ずメリットに通じるはずです。

　ちなみにさくら事務所では、理事会などの意思決定の際に、建物や法律の専門家を派遣するサービスを行っています。専門家のアドバイスがほしいという場合には、このようなサービスを利用するのも一案といえるでしょう。

Chapter - 7

想定外では済まされない
「入居者トラブル」への対応法

物件に人が住むうえで避けたくても避けられないのが入
居者トラブルです。想像以上の時間とお金がかかり、何
より大家さんのストレスになりかねません。ここでは、
水際で防ぐためのポイントを紹介します。

実践法則 40 入居審査で大切なことは事前に決めておく

かつては「住まわしてやっている」と考える大家さんが多く、入居にあたって厳しい条件を求めていることがありました。しかし、競争が激化した現代では、必要以上に入居者を選り好みしていては経営が立ち行きません。

入居者に対して何を提供できるのか？

不動産投資は、収益があがらなければ話にならないため、どうしても利回りやキャッシュフローの数字に目が行きがちになるのは仕方がありません。あるいは融資が引けるとか引けないとか、とかく「お金」の話に終始してしまうのが常です。しかし、不動産投資をする人が忘れてはいけないのは、「なぜ家賃をいただけるのか？」という、あまりにもあたりまえの問いに対する答えではないでしょうか。

自分はオーナーとして、入居者に対して何を提供できるのか？　それは、駅からの近さとか、生活利便性とか、陽あたりのよさとか、間取りとか、築年数などといった不動産広告に書けるものだけではありません。たとえば、「そこに住まうことで得られる安心感」だったり「価値観の近い人が集まるコミュニティー」であったりするかもしれません。

入居者の「人生の器」である住まいを提供する立場として、「何を提供できるのか」を考えていくと、その先には方向性やポリシーが見えてきたりするものです。そして、大家さんが「こういう住まいを提供したい」というポリシーを持つことは、どんな人に住んでほしいかということにもつながります。

「誰でもいい」はうまくいかない

たとえば、離婚を経験したある女性大家さんは、シングルマザーを応援したいというポリシーがあるため、管理会社に、シングルマザーが部屋を探していたら自分のアパートをぜひ紹介してほしいと伝えてあります。別のある大家さんは、入居者同士が良好な関係を築いてほしいという思いを持っているため、申し込みをもらうと、必ず面接をして、先に住んでいる入居者たちとうまくやっていけそうな人かどうかを判断します。

このように、**どんな人に住んでほしいか、もしくはどんな人に住んでほしくな**

いか、具体的にイメージしておくことは重要です。これは、シェアハウスを経営している人たちにとっては常識ですが、一般の大家さんではあまり気にしていない人が多いと思います。

「誰でもいいから決めてください」という投げやりな営業をすると、仲介手数料目当てで、賃貸客付け会社がほかの物件で断られた不良入居者予備軍を連れてきてしまうかもしれません。そのような入居者は、物件を好きになって決めてくれたわけではないので、短期間しか住まなかったり、部屋を汚したりする可能性が高まります。

1つの方法として、リスクの高い人たちからの申し込みが増えそうな場合、必ず保証会社に加入してもらう（保証会社の審査に通らない人はNG）、もしくは保証人を2人つけるなど、リスクをヘッジできる審査基準を事前に設けておくことが考えられます。NGの条件を決めるのは、すでにいる入居者の生活を守るためでもあります。好ましくない入居者が1人入ったことで、ほかの部屋に住んでいた入居者たちが出ていってしまったという話は、ゴロゴロあります。

■ 肩書きではわからないこと

ここで注意してほしいのは、「**外国人だからダメ**」「**高齢者だからダメ**」「**一流企業で働いていないからダメ**」「**保証人がいないからダメ**」というように、**世間一般の価値観にとらわれて、本質的でない部分を基準にしないということです**。特に年配の大家さんのなかには、自分にとっての「普通」の感覚から外れる人を阻害する傾向があるようです。

しかし、時代はどんどん変わっています。前にお話ししたように、日本に住む外国人は急速に増えていますし、賃貸物件に住む高齢者も増えています。世の中の労働者の4割が正社員ではない時代に、勤務先企業のランクまで指定する感覚には違和感を覚えます。

大切なのは、賃貸人としてのルールを守れること、ほかの入居者とうまくやってくれることであって、肩書きではないはずです。逆に言えば、大家さんの決めた条件をクリアしていても、賃借人として問題を起こしてしまう人もいないとは言い切れません。入居募集にあたっては、管理会社の担当者と、そのあたりのことをすり合わせておくといいでしょう。

大家さんと入居者は、どちらが上でも下でもありません。お互いが「住んでくれてありがとう」「いい部屋を提供してくれてありがとう」と思えるような相手と契約を結ぶことで、経営も安定するのです。

実践法則 41 中古物件の購入時に「問題児」の有無を確認しよう

自分で入居者を選べるケースはまだしも、すでに入居者がいる物件を購入する場合には注意が必要です。万一、トラブルメーカーが入居していれば、物心両面で大家さん自身が大きなダメージを被ってしまいます。

トラブルメーカーがもたらす損害は想像以上

投資家が所有物件を売り出す理由はさまざまですが、その中の1つに、入居者の1人にトラブルメーカーがいて、その対応に疲れきったから売りに出したくなった、というものがあります。

トラブル対応が得意な人があえて、このような物件を安く買い、購入後にトラブルのもとを解決して価値を上げるという手法をとるのはいいと思います。しかし、**初心者が何も知らないまま「問題児」のいる物件を買ってしまうことは避けなければいけません。**

性格にもよりますが、心配性な人や神経質な人がトラブルメーカーのいる物件を買ってしまうと、相当なストレスになるうえに、滞納などがある場合には収支計算にも狂いが生じてしまうからです。

ある大家さんがクレーマー体質の入居者に電話番号を知られてしまい、毎日のように怒鳴り声の電話がかかってきたために体調を崩してしまった、というような話もあります。

副収入を得るためにはじめた不動産投資がストレスになり、本業にまで悪影響を与えてしまっては本末転倒です。

大家さんの防衛策とは

このようなことを防ぐには、事前にレントロール（入居者の名前と簡単な属性、部屋の賃料などが記された資料）を取り寄せて、どんな人が住んでいるかの情報を教えてもらうことが大切です。

家賃の滞納がないか、保証会社を通しているかといった点も確認してください。また、近隣の住人の方に「どんな人が住んでいるのかご存知ですか？」とたずねてみたり、物件に出入りする人を観察してみたりするという方法もあります。

162

● レントロール

●●コーポ 入居者状況

部屋NO	用途	契約者氏名	職業	専有面積	賃料	共益費	合計	預かり敷金	始期	終期	備考
101	住居	●●○○	学生（男）	18㎡	¥48,000	¥2,000	¥50,000	¥48,000	2016.4	2018.3	
102	住居	●●○○	会社員（男）	22㎡	¥52,000	¥2,000	¥54,000	¥52,000	2014.2	(2016.1)	
103	住居	●●○○	会社員（男）	22㎡	¥52,000	¥2,000	¥54,000	¥52,000	2016.6	2018.3	
104	住居	●●○○	学生（男）	25㎡	¥53,000	¥2,000	¥55,000	¥53,000	2016.4	2018.3	
201	住居	●●○○	学生（女）	21㎡	¥53,000	¥2,000	¥55,000	¥53,000	2016.4	2018.3	
202	住居	●●○○	学生（女）	21㎡	¥53,000	¥2,000	¥55,000	¥53,000	2015.4	2017.3	3月退去予定
203	住居	●●○○	学生（女）	21㎡	¥53,000	¥2,000	¥55,000	¥53,000	2015.9	2017.6	
204	住居	●●○○	学生（男）	21㎡	¥53,000	¥2,000	¥55,000	¥53,000	2013.4	(2015.3)	
205	住居	●●○○	学生（男）	24㎡	¥54,000	¥2,000	¥56,000	¥54,000	2014.9	(2016.8)	3月退去予定
301	住居	●●○○	学生（男）	21㎡	¥53,000	¥2,000	¥55,000	¥53,000	2015.7	2017.6	
302	住居	空き		21㎡							
303	住居	●●○○	学生（男）	21㎡	¥50,000	¥2,000	¥52,000	¥50,000	2015.6	2017.6	
304	住居	●●○○	学生（男）	21㎡	¥50,000	¥2,000	¥52,000	¥50,000	2015.7	2017.5	
305	住居	●●○○	会社員（女）	24㎡	¥54,000	¥2,000	¥56,000	¥54,000	2016.1	2017.12	
P1	駐車場	空き									
P2	駐車場	●●○○	会社員（男）		¥8,000	¥0	¥8,000	¥0	2014.2	(2016.1)	
合計				303㎡	¥686,000	¥26,000	¥712,000	¥678,000			

具体的には、次のようなことがないかチェックしてみましょう。

- ● 週末の昼間なのにカーテンが閉め切ってある
- ● ベランダがゴミの山になっている
- ● 共用部にたくさんの荷物を置いている
- ● 駐車場にタバコの吸殻がたくさん落ちている
- ● 不特定多数の人が出入りしている

上のようなことが当てはまる場合は要注意です。あまりにもリスクが大きいと感じた場合には、購入を見送る勇気も必要です。

それほどひどくなさそうだけれど、心配があるという場合には、管理会社にすべてをお任せして、自分は一切、入居者と直接やりとりをしないと決めてしまうのも一案です。

いずれにせよ、購入後に「知らなかった！」となることがないようにしましょう。

実践法則	滞納、夜逃げ、不良入居者への
42	対応法

家賃の滞納は、どの大家さんも悩む問題です。家賃収入がなくなるだけでなく、収入がないのに税金をはらう必要があるなど大きな負担がかかります。また、突然の夜逃げや不良入居者などにも早めの対応が必要です。

法律は圧倒的に大家さんに不利

残念ながら現在の日本の法律（借地借家法）では、問題入居者であっても部屋から追い出すことは簡単ではありません。たとえば家賃を滞納した入居者がいても、カギを変えて中に入れないようにしたり、部屋の荷物を勝手に移動したりすれば、大家さんのほうが罪に問われます。

家賃滞納が発生すれば、❶収益が確保できない、❷滞納期間も損益では売上計上され課税対象になる、❸売却する際にマイナス要因になる、といった問題がオーナーには発生するにもかかわらず、入居者が物件で生活を営む権利のほうが強く見積もられるため、手の打ちようがありません。

このような事態を防ぐには、まずはこれまでお話ししてきたように「水際で防ぐ」ことが大切です。しかし、入居した当時は定職に就いていたけれど、退職して滞納がはじまった、というようなこともありますから完全に防ぐことは不可能です。

こういう場合に大切なのは、早い段階でアクションをとるということです。たとえば滞納の場合、一般的に3カ月以上遅れると、入居者は返済が困難になります。**自主管理の場合、期日から1日遅れた時点で、「家賃が入っていないようですが、どうかされましたか？」と連絡を入れましょう。** すぐに支払えないという場合は、「○日に振り込みます」「来月から1万円ずつ上乗せます」というように相手に決めてもらう形で対処法を決めます。「できるだけ早く入れてくださいね」とあいまいな口約束をするだけでは、ズルズルと事態が長引くばかりです。

管理会社に家賃の回収をお願いしている場合にも、マメに情報交換をして、滞納が長引かないように行動しましょう。保証会社に加入していたとしても、安心は禁物。**保証は永遠に続くわけではありませんから、入居者がなぜ滞納することになったかを確認し、その後の対策を管理会社と話し合っておくことが大切です。**

たとえば、2人で住んでいたカップルが別れて、残った1人では家賃が支払えないケースなどは、そのまま退去となる可能性が高いでしょう。このような情報を早めに仕入れて、次の手を打つ必要があります。対応が遅れると、滞納が重なり、最悪の場合は入居者が夜逃げする事態になりかねません。

　夜逃げを経験した大家さんは多くいますが、皆さんが口を揃えるのが、「解決までに時間がかかり、その間、次の募集ができないので困った」ということです。

早めに実績のある専門家に相談

　実は、自分の所有している物件だからといって、大家さんが夜逃げのあった部屋に入り、部屋の荷物を勝手に処分して次の入居者を募集するといったことはできません。それどころか住居侵入の罪に問われます。

　ですから、部屋に入るときは警察官や第三者に立ち会いを頼む必要があります。そのうえで夜逃げだと確信できたら、まずは内容証明などで契約解除を宣言し、明け渡し訴訟をおこない、執行文付与の判決をとって強制執行することになります。実際の仕事は管理会社にお願いするにしても、費用がかかりますし、解決までに時間もかかります。しかし、法律を遵守するとそうせざるを得ないのです。

　また、滞納や夜逃げ以外にも、騒音を出す、ゴミ出しのルールを守らない、タバコのポイ捨て、ほかの部屋の入居者への迷惑行為など、さまざまなトラブルがあるものです。

　これらの対応は、管理会社を通じて、迷惑入居者に態度を改めてもらうことが基本です。しかし、トラブルが甚大になりそうなときは、早めに司法書士や弁護士など専門家の力を借りるのも一案といえます。このときに注意したいのは、司法書士や弁護士にもそれぞれ得意分野があり、不動産関連の実績がない人を選んでしまうと、期待した効果が得られにくいということです。そうならないためには、紹介などを通じて、賃貸経営に関する実績が多い専門家を選びましょう。

定期借家契約を取り入れる

　この先、不良入居者に長く居座られるリスクを回避するための方法として、「定期借家契約を結ぶ」ということがあります。定期借家とは、最初から期限を決めて、部屋を貸し出す制度のことです。契約更新もできますが、継続して住んでもらいたくない入居者は、契約満了をもって退去してもらうことが可能です。

7

想定外では済まされない「入居者トラブル」への対応法

165

● 定期借家契約と従来型の借家契約の違い

項目	定期借家契約	従来型の借家契約
契約方法	❶公正証書などの書面による契約にかぎる ❷さらに、「更新がなく、期間の満了により終了する」ことを契約書とは別に、あらかじめ書面を交付して説明しなければならない	書面でも口頭でも可
更新の有無	期間満了により終了し、更新はない	正当事由がないかぎり更新
建物の借期間の上限	無制限	2000年3月1日より前の契約 …20年 2000年3月1日以降の契約 …無制限
期間を1年未満とする建物賃貸借の効力	1年未満の契約も可能	期間の定めのない賃貸借とみなされる
建物賃借料の増減に関する特約の効力	賃借料の増減は特約の定めに従う	特約にかかわらず、当事者は、賃借料の増減を請求できる
中途解約の可否	❶床面積が200㎡未満の居住用建物で、やむを得ない事情により、生活の本拠として使用することが困難となった借家人からは、特約がなくても法律により、中途解約ができる ❷❶以外の場合は中途解約に関する特約があればその定めに従う	中途解約に関する特約があれば、その定めに従う

参照 国土交通省ホームページ（http://www.mlit.go.jp/jutakukentiku/house/torikumi/teishaku/tei01.htm）より

　日本の主流である「普通借家契約」では、裁判所の命令がないかぎり、たとえ契約が終了しても退去させることは困難ですが、定期借家なら可能です。定期借家は、申し込みが入りにくいという人もいますが、「特に問題がなければ更新は可能」としておけば、そんなことはありません。
　日本の大家さんたちは、自分たちが安心して賃貸業を続けていくためにも、この定期借家契約の積極的な普及に努めていくべきではないでしょうか。

166

実践法則	超高齢化時代の賃貸市場で
43	心しておくこと

1人暮らしのお年寄りは年々増えています。孤独死などのネガティブな要素ばかりに目を向けることなく、これをビジネスチャンスととらえ、高齢者も大家さんも安心して暮らせる物件づくりをおこないましょう。

高齢者は長く住み続けてくれる大切なお客様

　超高齢化社会が進む中で、賃貸住宅に暮らす高齢者は年々増加しています。そして現代の日本では、1人暮らしの高齢者が借りられる部屋が少ないこともあり、高齢者の多くは賃貸物件に入居すると、後々まで長く住み続ける傾向があります。つまり、賃貸物件が「終の棲家」となるということです。

●平均居住年数（全国）（2015年度下期）

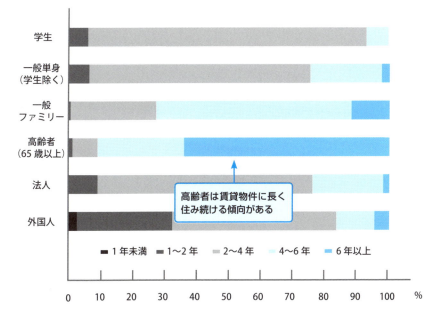

参照　公益財団法人日本賃貸住宅管理協会　日管協総合研究所「第15回 賃貸住宅市場景況感調査『日管協短観』」(http://www.jpm.jp/marketdata/pdf/tankan15.pdf) より

高齢者の孤独死は年々増加傾向にあり、年間4万件を超すともいわれています。孤独死（孤立死、独居死とも）とは、主として1人暮らしをしている人が、誰にも看取られず亡くなる現象です。以前は、人が多く集まる都会には孤独死は発生しにくいという認識が多数でしたが、ここ数年、場所は問わず、どこでも孤独死が発生することがわかってきました。

　日本では少子高齢化に加え、一生未婚という人たちも増えていることから、孤独死はこの先、さらに増えることが予想されます。

　しかし、「孤独死のリスクがあるから、単身の高齢者は入居不可」とするのは、得策ではありません。すでに述べたように、人口減少が進む日本で、高齢者は大切なお客様になり得るからです。経済的な合理性という意味だけではなく、「困っている人を助ける」という精神にも反します。

　そうではなく、これからの賃貸経営では、高齢者に住んでもらうことを前提に、どうしたら大家さんも高齢者も安心して暮らせるかの対策を講じる必要があるといえます。

● 1人暮らし高齢者の動向（2015年以降は推計値）

参照　内閣府「平成28年版高齢社会白書（全体版）」(http://www8.cao.go.jp/kourei/whitepaper/w-2016/zenbun/pdf/1s2s_2.pdf）より一部改変

孤独死を防ぐために

　孤独死を防ぐ方法として、入居者の家族に協力を得られればそれが一番理想的です。

　たとえば、離れて暮らす高齢の親がお茶を飲むためにポットを使うと、子どもの携帯電話やパソコンに連絡が来るといったシステムがあります。毎日、お茶を飲む習慣があるのに、ポットが使われた形跡がない場合、子どものほうから管理会社に連絡して、「様子を見に行ってください」というような連携が取れれば、万一何かあってもすぐに気づくことができます。

　このほかにも、東京ガスの「みまも〜る」やセコムの「ホームセキュリティー」など孤独死を防ぐためのシステムは増えていますので、入居者の子どもなどに保証人になってもらい、入居の際にはこのようなしくみを使うことを必須とする、というのも一案でしょう。

● みまもりほっとライン「iポット」

通信機能内蔵の電気ポット。1人暮らしの高齢者宅に設置し、遠隔地にいる家族にEメールなどで使用状況を知らせる。契約料（初回のみ）5,000円、利用料（月額）3,000円（いずれも税別）、ポットはレンタル（象印マホービン）

● 東京ガス「みまも〜る」

東京ガスが提供するみまもりシステム。ガスの使用状況をモニタリングし、異常があると遠隔地にメールなどで使用状況を知らせる。加入料金5,000円、利用料（月額・別サービス「マイツーホー」とのセット価格）940円（いずれも税別）

もちろん、それだけではなく、同じ物件に住んでいる人たちに、「○号室にご年配の方が入ったので、何か変わった様子があったら教えてください」とお願いできればさらにいいでしょう。

これまで不幸にして孤独死をされた人たちも、その前に調子を崩して寝込んでいる期間や、倒れて動けないでいる期間があったはずです。その場合、以下のようなサインが考えられます。

- 外出している気配がない
- 洗濯物が干しっぱなしのままになっている
- 電気がつけっぱなしになっていて消えない
- 新聞・郵便物がずっとたまっている

以上のようなことがあれば、周りの人が管理会社に伝え、管理会社が部屋を訪問するという体制が整っていれば安心です。

高齢者の増加はビジネスチャンス

ここまでは多少ネガティブな話になりましたが、高齢者の増加をビジネスチャンスととらえる投資家もいます。

その1つが、「サービス付高齢者住宅」（サ高住）です。これは、高齢者が住みやすいように、食事や訪問介護などのサービスが付加された賃貸住宅のことで、全国で需要が高まっています。

外部の人間がかかわることで安否確認ができるため、孤独死の心配もありませんし、老人ホームよりも安価で住人の自由度が高いという理由から、全国的に需要が高まっています。

すでに不動産投資家の一部にも、サ高住に取り組む人が増えています。また、2017年には高齢者世帯や子育て世帯などの入居を拒まないことなどを条件として、空き家を賃貸住宅に改修する補助制度もスタートする見込みです。こうした政策動向に日頃から目を向けるのも成功する大家さんの第一歩です。

170

Chapter - 8

売却で「攻め」の
不動産経営を

不動産の出口戦略には、単に高値で売り抜けるということだけでなく、自らのポートフォリオを組み替えるという重要な意味合いがあります。末永く不動産経営を続けるための売却の考え方を説明します。

実践法則	
44	**守りの家賃収入と攻めの売却益**

不動産投資には、その時々によって手法に流行のようなものがあります。しかし、本来の投資目的を見失うことなく地道にインカムゲインを狙うこと、売却も戦略的に「資産の組み替え」をおこなうことが重要です。

流行の手法よりも「あたりまえ」を実践する

個人の不動産投資の世界には、流行のようなものがあります。

2000年代前半のブームは福岡や仙台・札幌など「地方都市の新築アパート」で、価格帯は3,000万円台から6,000万円くらいまでのものを買うのが人気でした。2005年あたりからはローンのつきやすい1億〜2億円くらいの「RC（鉄筋コンクリート）一棟物」を求める投資家が急増しました。

そして、その後は「ボロ物件」が注目を集めています。これは、地方にある数十万〜数百万円のボロボロの物件を安値買いするものです。また、この頃から戸建て賃貸もブームになりました。

さらに2015年あたりから俄然、盛り上がりを見せているのが、物件を売却してキャピタルゲインを得よう、という主張です。投資家のブログを見れば、「売却して、こんなに儲かりました」というような話題が続きます。

つい2〜3年前までは、不動産投資をテーマとした書籍にはたいてい「キャピタルゲイン目的は危険。インカムゲインが大切です」「物件はメンテナンスしながら長く持ち続けるのが基本」といったことが書かれていましたが、最近は「相場より高く売る方法」といったテーマのものが書店で目立つようになりましたし、不動産投資セミナーでも、参加者に物件の売却を促す内容が増えてきているようです。

私自身は、このようなブームが起こることについて、何かおかしさというか、危うさを感じています。

目新しい考え方や手法が紹介されると、そのたびごとに色めき立つような市場というのは、未成熟であることの証しであり、そのような市場で投資をしようとしていることの危険性に気づかなければなりません。

- 事業性や建物の価値を見極め、然るべき価格で買うこと

- その後は地道に入居者満足に徹すること

- 中長期的な、持ち家も含めた広義の住宅市場の動向について把握しておくこと

　そうではなく、上記のような事業者としてあたりまえの鉄則を守りさえすれば、どんな物件種別でもどこに投資しても、大きな問題にはならないはずです。逆にいうと、それができなければどんな物件を買っても成功はできません。

　売却に関しては市況の影響が大きいため、投資手法のブームとは少し違うかもしれませんが、それにしても、「あの人も売って儲かったみたいだから、自分も売りに出してみようか」と考えるのは安易すぎるのではないでしょうか。

生き残ったのはインカムゲイン

　不動産投資家の数だけ、適したやり方があります。サラリーマンが勤めている会社を辞めずに、将来の年金代わりになる家賃収入がほしいという場合には、定年後に長く安定した家賃収入を得られるよう計画を立てるべきしょう。その場合、比較的築浅の物件をいくつか買ってしまえば、あとは売却を考えず修繕をしながら持ち続けることで目的は達成できるかもしれません。

　早期にセミリタイアをしたいという人は、できるだけ規模を多くして、キャッシュフローの金額を1,000万円以上のレベルまで増やし、買い進めるために現金が必要になるので、安く買って高く売る、ということを定期的におこなうことが求められるでしょう。そこで得た現金を頭金にして、次の物件を買うことを繰り返せば、インカムゲインだけに頼るよりも何倍も早く目的に近づけるはずです。

　ただし、「安く買って高く売る」ことは、実際にはなかなか容易にできるものではありません。それに、キャピタルゲイン目当ての購入は、市況が変わったときに在庫を抱えて苦しむことになるリスクもあります。ですから、競売なども含めて、相場よりもかなり安く買える力が必要になってきます。

　もちろん、「売らないほうがいい」というつもりは毛頭ありません。大切なのは、流行に流されたり行き当たりばったりに行動するのではなく、投資として合理的で自分自身の納得のいくやり方を選ぶことです。

　それでもやはり、個人投資家の不動産投資の基本はインカムゲインであることは間違いないと思います。

8

売却で「攻め」の不動産経営を

173

逆にいうと、キャピタルゲインを得られないと投資として収支が合わないのなら、それは個人がやる不動産投資の手法として、間違っているのではないでしょうか。

バブル崩壊のときに生き残ったのは、キャピタルゲインを狙うことなく地道に賃料収入を積み上げてきた不動産会社であり、投資家たちでした。目先の利益に踊らされて、市場から撤退することにならないように留意しましょう。

▎1軒目に買った物件は……

先ほど目先の流行に流されて安易に売却をするのはすすめないとお話ししましたが、**不動産投資を「経営」として長く続けていくためには、適切なタイミングで資産の入れ替えをおこなうことはとても重要です。**

不動産は大きく「収益性の高い不動産」と「収益性の低い不動産」に分けられますが、資産の組み替えは、収益性の低い不動産を処分して、収益性の高い不動産に買い替えるというのが基本的な考え方です。

多くのベテラン投資家は、1軒目に買った物件について、「今なら同じ物件を買わない」という話をするものです。投資をはじめたばかりの頃は、知識が不足していたり、早くオーナーになりたいという気持ちが強すぎたりして、物件を見る目が甘くなっていたためです。

またほとんどの場合、初心者は資金にもかぎりがあるために、駅から遠い、建物が古い、人気エリアとはいえない場所にあるなど、やや難がある格安の物件を買うことになります。

そのようなA級とはいえない物件でも、事前のマーケティングを欠かさず、所有してからも営業にまわるなどの努力をすれば、賃貸経営を成り立たせることはできます。しかし、それがずっと続くかどうかはわかりません。時代が進むごとに、入居者が賃貸物件に求める条件は厳しくなっていますし、建物の老朽化も年々進んでいくからです。

▎タイミングを見て売却も視野に

たとえば、**駅からの距離は数年前なら10分以内で合格といわれていましたが、現在では7分以内でないと厳しい状況です。**15分歩くとなると、客付けの際に大きなハンデとなります。築年数も同様です。家賃とのバランスがとれていればあまり気にしない人もいますが、やはり新しいほうが人気ですし、今後のリフォー

ム代などを考慮すると、やはり築浅のほうが安心感はあります。

　エリアも同様。不動産投資をはじめたばかりの人は地方の物件、あるいは首都圏でも千葉や神奈川といった土地が安い物件を買う人が多いようです。しかし、地方の多くは人口減少リスクが高いですし、売却時にも値段が下がりやすかったり、引き合いが弱かったりというデメリットがあります。

　もし、こういった物件を所有していた場合は、タイミングを見て売却も検討することで、経営全体で見たときのリスクを下げていくことができるのです。

建て替えがすんなりいくとはかぎらない

　あるいは、このような例はどうでしょうか？　あなたが築40年を超える古い木造アパートを持っているとします。「場所は悪くないから、いずれ新築に建て替えればいい」と思って買ったとしても、実際にオーナーになると、それが簡単ではないことがわかります。

　まず、入居者の問題です。全員が少しずつ抜けて全退去となればいいのですが、実際には「3割」「4割」など、中途半端な割合で入居者が残りがちです。その人たちに退去をお願いしたとしても、すんなりOKをもらえるとはかぎりません。年配の人が多い場合、引っ越し先が見つからないこともありますし、住み慣れた生活圏から動きたくないという人もいます。

　もし、退去に応じてもらえる場合も、お詫びとして3カ月〜半年の家賃分のお金を渡すのが通常です。また、「もっとお金が必要だ」という人が出てきたりもします。

　全員に退去してもらうのは大変そうだから、もうしばらく所有し続ける前提でリフォームをしようとしても、そもそも築古で家賃も下がっているため、思い切った投資ができません。耐震補強も同じです。そして、いろいろと考えた結果、何もできず、建物の老朽化だけ進む……という例は実に多いのです。

広い視野で資産の組み替えをおこなう

　このような物件は、売れるなら売り、新しい物件に組み替えることで、オーナーは悩みから解放されますし、資金を効率よく運用できることになります。サラリーマン大家さんは、ただでさえ忙しいのです。

　ストレスをためるより、入居者の入れ替えや新築のノウハウなどがある新しいオーナーに買ってもらったほうが、お互いにとってハッピーです。

175

● 資産の組み替え

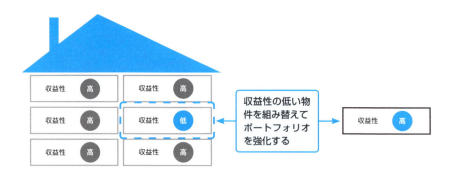

　資産の組み替えは、収益物件にかぎりません。広い視野で見れば、今は使っていない親の家や自宅だって、資産の１つです。Chapter-1で述べたように、街の形はどんどん変わっており、昔、人が集まっていた地域でも、今後は廃れていく場所が多くあります。もし、使っていない親の家があるなら、売れるうちに売却をして、好立地の収益物件に置き替えることは、将来のリスクヘッジのために有効です。

　資産の組み替えというのは、どこかで完了するということがありません。自分の代でお金を使いきる方針ならそのかぎりではありませんが、子どもたちに財産を残したいという場合は、相続のことも考慮して、資産を守るための作戦を立てることが必要です。

　何もしなければ建物は古くなり、価値は下がり続けることになります。つまり、不動産投資には「これで終わり」というゴールがなく、勉強と行動を続ける人だけ資産を守り、増やしていくことができるのです。

実践法則	首都圏の不動産価格のピークは
45	**2020年？**

バブル崩壊間近ともささやかれていますが、2020年の東京オリンピックに向けて不動産の市場はどのような方向に進んでいくのでしょうか。チャンスをものにして確実に儲かる考え方を身につけましょう。

日本の不動産はまだまだ割安

2020年の東京オリンピックに向けて、投資家が気になるのは不動産の価格だと思いますが、他国の事例を見ると、オリンピック開催までは上昇し、終了後に一度落ち込むというのがセオリーです。

ただし、現在の日本のような経済大国、先進国では、オリンピックの開催前後において、そうそう大きな経済的影響は見られません。

1964年の東京オリンピック時に、日本の経済が大きく成長したのは、まだ日本が今のように成熟していなかったためです。

不動産価格が強含みなのは、オリンピックの影響だけではありません。2012年の政権交代から、アベノミクス、黒田バブル、マイナス金利などが重なり、株価と不動産価格は上昇基調を続けてきました。しかし、一本槍の上昇基調は、2015年の後半あたりから止まっています。2016年は踊り場状態ともいえますが、不動産市場の関係者は、まだ強気で、もう数年はいけるだろうと見込んでいる様子です。

一部では、「バブル崩壊間近」といった論調も見られますが、このまま一気に下がるということはないでしょう。その理由としては、次ページのグラフにあるように、世界と比べて日本の不動産価格が相対的に割安ということがあります。日本の今の不動産価格を見てバブルというなら、ロンドンや香港はとんでもないバブル状態といえます。

さらに、日本の不動産の投資利回りは、ほかの先進国と比較して相対的に高いといえます。

日本人投資家から見れば、2012年以降の価格上昇に釣られ、利回りは低下したという印象ですが、外国人投資家から見れば、それでもまだ「うまみ」があると感じられる数字なのです。

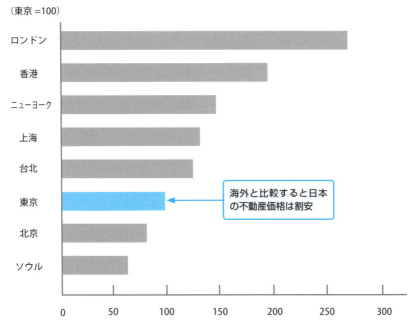

● マンション／高級住宅（ハイエンドクラス）の価格水準の比較

参照　一般財団法人日本不動産研究所「第6回国際不動産価格賃料指数（2016年4月現在）」(http://www.reinet.or.jp/pdf/20160526kokusaihudousan.pdf) より一部改変

気をつけたい落とし穴

　ほかにも日本の不動産市場にお金が入ってくる要素は多くあります。

　たとえば政府は、日本でホテルを建設する企業には、容積率を割増にすることを公表しています。ホテル需要が強いため、そういったボーナスを与えて、事業者にホテルをつくってもらおうという作戦です。また、日銀はREIT（複数の投資家から集めた資金で、オフィスビルや商業施設、マンションなどの不動産を購入し、その賃貸収入や売買益を投資家に分配する商品）を直接購入しています。日銀がその資産を守りたいのは当然ですから、わざわざREITが失敗しやすくなるような政策は、政府も立てないでしょう。

　ここで1つ補足すると、不動産の価格は上がったといっても、それは日本全体でみたら、ほんの一部のエリアの話です。右のグラフを見るとわかるのですが、2012年末から2016年にかけて、150％を越える大幅な値上がりを見せたの

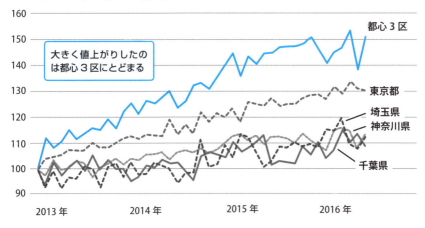

● 首都圏中古マンションm²単価の推移

ポイント（2012年12月＝100とする）

大きく値上がりしたのは都心3区にとどまる

参照 東日本不動産流通機構（http://www.reins.or.jp）

は、東京都の都心3区（千代田区、中央区、港区）だけです。千葉、埼玉、神奈川は値上がりといっても110%〜120%程度でしかありません。

地方に行けば、アベノミクスなどどこ吹く風といった様子で、2012年以降も不動産の価格が上がっていない、むしろ下がっているという地域も多くあります。

この先の動向については、融資金利の動きによると思います。現在はゼロ金利政策の影響で融資金利がものすごく低い状態ですが、これが2020年まで維持されるかどうかで、物件価格も決まってくるでしょう。

身もフタもないことをいうと、**不動産市場というのは、結局は金利動向に大きく左右されるものなのです**。将来、金利が上がったときにどうなるかは、誰にもわかりません。ただ、日経平均株価と都心マンションの価格には強い相関関係がありますから、株をやらない人も株価に注目するのは大切です。

リーマンショック後に大幅に値下がりした不動産を買った投資家たちは、所有中は高利回りで運営し、売却によりさらに大きなキャピタルゲインを得るという「両取り」で、資産をスピーディーに拡大しています。

次のチャンスをものにするためには、経済の動きに常に敏感になること、そして、「ココだ！」というタイミングで買い進められる体制を築いておくことが大切です。

179

実践法則 46　売却を依頼する仲介会社の選び方

物件の売却をおこなうには仲介業者に依頼します。この仲介業者の選び方しだいで、スムーズに高く売ることもできれば、なかなか買い手がつかないこともあります。ここでは、ジャンル別に仲介会社の特徴を見ていきます。

仲介業者が狙う「両手」とは

　売却の契約形態には大きく分けて２種類あります。「専任媒介」と「一般媒介」です。「専任媒介」は１社にだけ売却を依頼するもの、「一般媒介」は複数社に売却を依頼するものです。ネット社会の現在は、すぐに情報は行き渡るので、１社に売却を依頼する専任媒介でも目的は果たせるでしょう。また、３カ月経っても売れなかったら一般媒介にするなど、期限を区切るのも１つの方法です。

　不動産仲介会社は、契約が成立すると、売主から３％＋６万円（税別）の仲介手数料を受け取ることになります。このとき、自身が売主・買主双方の仲介担当であれば、双方から仲介手数料、つまり６％＋１２万円（税別）と、２倍の手数料を受け取ることができます。これを、業界用語で「両手」といい、売主、あるいは買主のどちらかからしか仲介手数料を受け取れないケースを「片手」といいます。

　業務の量は大して違いがないのに、２倍の手数料を受け取ることができる「両手」を狙うのが、一般的な不動産仲介業者の習性です。売却の前に、このしくみを理解しておきましょう。

　物件の売却について検討をはじめたら、いくらくらいで売れそうか、３社以上の会社に査定を依頼することをおすすめします。そして、査定価格が出てきたらまず、極端に高い価格を出してくる会社をはじきます。

　「ウチなら高く売れます」というセールストークには乗ってはいけません。こういうことをいう不動産仲介会社は、売却の依頼をもらいたいがために、売れもしない査定価格を出している可能性が高いからです。

　では、どのような会社に仲介を依頼するのがよいのか、次ページから見ていきましょう。

仲介会社の特徴をジャンル別にチェック

不動産仲介会社は、三井のリハウスや住友不動産販売などの大手系、地域密着の中堅・地場系、さらに最近増えてきたネット系に大別されます。それぞれの特徴を紹介します。

1 大手系

大手系は、ほかに比べて社員の質が高く、契約関係書類が整備されている傾向にあります。仲介手数料の値引きは基本的に応じてくれません。広告宣伝費や人件費、店舗維持費などのランニングコストが高く、仲介手数料の値引きをしていては、経営が成立しなくなってしまうためです。

また、大手系のなかには「両手」を狙って、業者間のネットワークシステムに物件を登録しないケース、他業者から物件の有無を問われても「話が入っています」「契約予定です」などと返答して客付けをさせない、いわゆる「囲い込み」をするケースが散見されます。

2015年に国交省の指導により、この「囲い込み」は禁止されましたが、罰則規定がないため実際にはまだまだ根強く残る慣習です。

間違いなく、売り主のためにはなりませんので、このような会社を売却仲介に選ぶのは避けるべきといえます。

2 中堅・地場系

次に「中堅・地場系」ですが、数が多いこともあり、「玉石混交」というのが実状です。顧客の立場に立ってしっかりとしている会社もあれば、自社の業績しか頭にないところもあります。契約関係書類の品質もマチマチです。仲介手数料の値引きに応じてくれるところもありますが、レベルの高くない会社も一定数混じりますから、選定の際には注意が必要です。

3 ネット系

仲介手数料を、半額などに割引してくれるのが特徴です。ムダな広告費や人件費、店舗運営費などをかけず、ローコストで事業運営をしているからできるワザです。

このネット系もやはり、玉石混交といえます。理念なき仕事をしているところ

とそうでないところでは雲泥の差があり、ひどいところでは昨日まで中古車を売っていた人が何の教育もされないまま不動産を売っている、ということもあります。

なぜ仲介手数料を値引きするのか、なぜこのビジネスモデルを選択しているのか、どういう思いや考えで仕事をしているのかなど、仕事にかかわる根幹的な意識をたずねてみると、信頼できる会社かどうかがわかるでしょう。

このようにお話しすると、不誠実な会社が多いように感じるかもしれませんが、自分の仕事に誇りや使命感を持って、顧客や世の中の幸せのためにとがんばっている仲介業者も間違いなく存在します。そういった会社や担当者に出会えた時点で、売却の8割は成功したといえるでしょう。

重要なのは、収益物件の売買の実績が多い会社を選ぶ、ということです。

「マイホームを買ったときにお世話になったから」などのあいまいな理由で、実需向けの物件しか扱ったことのない会社に頼んでしまうと、収益物件を探している人たちに情報が届かないことになってしまいます。これでは、売却はスムーズに運びません。

収益物件に強い会社なら、顧客リストを持っているため、スピーディーに売れる可能性が高まります。

実践法則

47 ポートフォリオ全体で メリットのある売却を

物件の売却は物件単体ではなく、ポートフォリオ全体で最大の利益をとれるようにおこなうのが鉄則です。減価償却やローン返済、大規模修繕などとあわせた効果的なタイミングについて解説します。

売り出し価格は自分で決める

　物件を売ると決めたら、少しでも高く売るために作戦を立てましょう。たとえば、**空室が多い物件は、融資がつきにくいですし、「埋まらない物件」というイメージで、買い手から敬遠されます。1つでも多く部屋を埋めて、できれば満室にして売りに出すほうが、売却がうまくいく可能性は高くなります。**

　それ以外にも、庭の草がボーボーなら除草する、ゴミ置き場や玄関などの共用部をキレイにする、空室がある場合はリフォームや清掃を完了する、敷地内の大型ゴミなどがあれば処分するなど、オーナーとしてできることはいくつもあります。本来なら所有期間中にやっておくべき内容ですが、ゴミ置き場の汚れなどは日によって状況が変わるので、管理会社と連携をとりながら適宜対処することが大切です。

　値付けについてですが、よい仲介会社に出会えたとしても、すべてを丸投げにしてはいけません。

　売り出し価格はあくまで自分で決めるべきです。不動産ポータルサイトなどを定期的にチェックしていれば、自分の物件の相場がわかるはずですから、査定価格も参考にして決めてください。

　自分が買うときのことを考えればわかりますが、投資家は少しでも条件の有利な物件を買いたがるので、相場から大きく離れると、見向きもされません。欲張りすぎず、「この値段なら売ってもいい」というラインを決めましょう。具体的には、売りに出してから1カ月経っても反響がまったくないようだと、値付けが高すぎると考えられます。

8

売却で「攻め」の
不動産経営を

183

金融機関はお金を貸したくてしょうがない

　また、収益物件を購入する投資家の多くは、融資を使います。ですので、融資のアレンジができた状態で物件を売りに出すと、引き合いが強まります。

　特に買い手が初心者の投資家の場合、自分自身で融資を引き出すことに慣れていないので、「この物件、ほしいけど融資がつかないだろうな」と勝手にあきらめてしまうことがあります。ぜひ、これを逆手にとりましょう。「融資がついている物件でスムーズに投資をはじめたい」と考える人は多数いるので、そのような買い手へアピールするのです。

　少し補足すると、現在の日本はかつてないほどの融資緩和の状況にあります。

　どこの金融機関もお金を貸したくてしょうがないのですが、一般的な企業は今、あまりお金を借りません。企業からすれば、手元に一定の資金があっても新たに設備投資をする状況にもないですし、資金調達の道筋も融資を受ける以外に、社債を発行するなど、いろいろなパターンがあるからです。

　また、金融機関としては、チマチマと細かいお金を貸し出すよりも、ボリュームがある取引を好みます。そのため、不動産に対する融資に積極的なのです。以前は、「エリアまたぎ」といって、物件のあるエリアと融資を受ける人の住んでいる場所が異なる融資は金融機関に嫌がられていたものですが、ここ数年はかなり広範囲で対応するようになっています。

物件を売り出すタイミングは？

　個人として買っている場合は、譲渡所得に対する税率が下がる5年超が売却の最初のタイミングとなります。また、一棟マンションなどで、近い将来、大規模修繕が控えているならば、そこで大金をかける前に売り切るというのも1つの方法です。修繕工事については、「これまできちんとやってきましたよ」という履歴を示すことで、融資の期間が延びることがありますから、アピールしましょう。

● 譲渡所得に対する税率

	長期譲渡所得	短期譲渡所得
期　間	5年を超える	5年以下
税率計算式	譲渡所得×20% （所得税15%＋住民税5%）	譲渡所得×39% （所得税30%＋住民税9%）

売却のポイントとなる「デッドクロス」とは

物件の売却を検討するポイントとして、「デッドクロス」も大きな要因にあげられます。不動産投資におけるデッドクロスとは、以下のようなものです。

新築物件で不動産投資をスタートした場合、木造なら新築から22年まで、RC（鉄筋コンクリート）なら47年まで、建物部分について減価償却が認められます。減価償却費は、「現金が出て行かないのに経費と認められるもの」です。

また、物件購入にあたり、融資を受ける場合には、ローンの金利の部分の返済では経費が認められることとなります。普通、ローンは「元利均等返済」となり、当初はより多い金利を返済していきます。元金返済額は、「現金が出て行くのに経費として認められないもの」です。

現金が出ていかないのに経費が認められることになれば、手元に多くの現金が残ります。不動産投資は、「最初が一番儲かる」といわれるゆえんです。しかし、油断は禁物です。

このまま、年が進むにつれて状況は変わります。経費化できる部分が減少していくにつれ、最終的には黒字倒産化するといったデッドクロスを迎えがちです。

● 建築費と融資に認められる経費

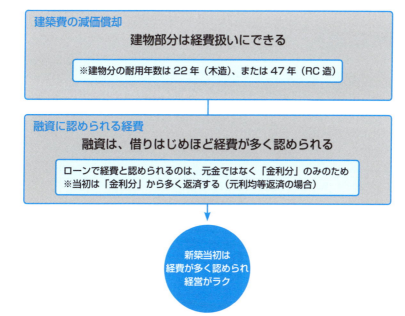

ポートフォリオ全体で戦略的な売却を

　このような事態を防ぐために、デッドクロスの時期にあわせて物件を売却することが検討されます（売却以外の手段としては、ローンの借り替えなどが候補にあがります）。売却すれば、納税用の現金に充てることができます。

　デッドクロス以外にも、ほかの物件で修繕費がかかる年に物件を売却して、キャピタルゲインで得た利益を相殺するといったことも考えられます。

　物件単体で見たときに早く高く売ること、そしてポートフォリオ全体で見たときに、メリットの大きなタイミングで売ること。この両方を心がけることで、資産を効率よく増やすことができます。1つの物件だけを見て売りどきを決めるのではなく、ほかの物件とのバランスを考えながら、売却時期を考えることも大切な考え方となります。

Column

不動産投資の老舗ポータルサイト

健美家（けんびや）

　約5万件の売り物件が掲載されている不動産投資の情報サイト。不動産投資に関するニュース、全国の投資家のブログ、セミナー情報など、様々な情報が網羅されており、なかでも、著名な投資家が執筆者に名を連ねる「コラム」には定評がある（著者も連載中）。また、札幌、大阪、東京で毎年開催されている「投資家交流会」は、仲間をつくりたい投資家から人気を集めている。

https://www.kenbiya.com/

実践法則 48 海外不動産を組み込んで所得を圧縮

海外に目を向けると、人口減や高齢化の道を進む日本市場とは違った投資環境があります。国内の不動産投資で成功した人が、次のステップとして海外不動産を組み込むにはどのようにすればいいのでしょうか。

■ キャピタルゲインも狙える海外投資

国内の不動産投資である程度の資産を積み上げた人のなかには、次のステップとして海外不動産を購入する人が多くいます。その大きな目的は、減価償却です。

具体的には、日本人がアメリカで不動産を買うと、購入価格のうち建物部分に該当する80%程度を4年に分けて所得から控除できます。たとえば5,000万円のコンドミニアムを購入した場合、1,000万円を4年間、所得圧縮できるということです。所得が高めの人が、海外で不動産を買うのはそのような理由からです（注意点として、減価償却が4年間というのは、木造で築22年以上であることが条件です。構造や地域によって条件が異なり、節税できる金額も変わってくるので、アメリカの物件を買うときは事前に計算してみてください）。

売却時にキャピタルゲインが得られる可能性も、日本より高いといえます。海外で購入した物件も、日本と同じく5年以上経ってから売却することで、かかってくる税金が長期譲渡所得扱いになります。ですから、古い物件を買い、5年後に売るのがベストです。減価償却で所得税を抑え、将来はキャピタルゲインも得られれば、一石二鳥です。

ただし、海外ですので為替変動の問題がついてまわります。これはどんなにスゴ腕の経済のプロでも、先を読むことができません。過去を振り返ってみると、プラザ合意前は1ドル = 360円台だったのが、どんどん円高になって、2016年は100円台前半となっています。

円安になれば、海外で不動産を持っていることが、プラスになります。逆に、円高になってしまった場合は損をすることになるので、そのリスクをどこまでカバーできるかが、ポイントとなります。

減価償却ができる金額と、将来のキャピタルゲインが一定程度狙えるという範囲の中で得られる利益を想定し、円がこれから上がった場合には、90円までな

● フィリピンと日本の人口ピラミッド（2016年）

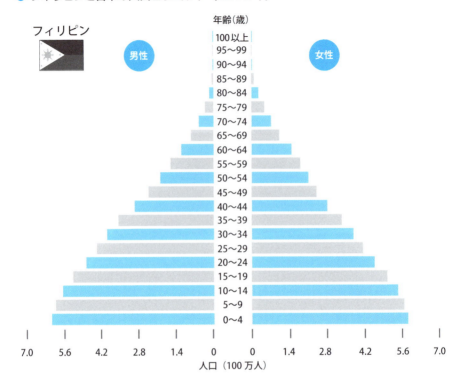

　ら耐えられるのか、70円までなら耐えられるのか、という計算をすることで結論を出せるでしょう。
　また当然ですが、同じ国でもどの地域の物件を選ぶかで、リスクの大きさが変わってくるので、事前に調査が必要です。アメリカのデトロイトで投資をした人のなかには、元入居者が部屋を破壊して出ていったとか、管理業者がまともに働かないとか、日本で仲介を担当していた人もいつの間にか消息不明とか、儲けどころではなく、損切りのための売却さえできず困っている人が多くいます。ローンを組んでいれば、毎月持ち出しですし、固定資産税などの支払いもあるなかで、先が見えないというのは相当きついのではないでしょうか。

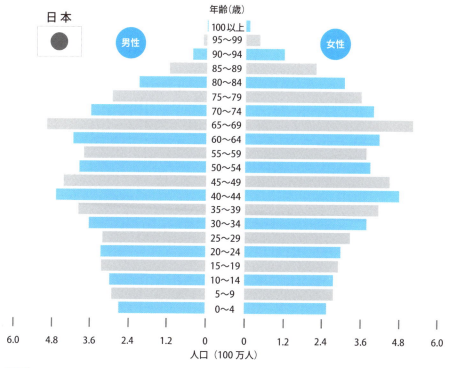

参照 アメリカ合衆国国勢調査局ホームページ（https://www.census.gov/population/international/data/idb/informationGateway.php）より一部改変

リスク以上の価値を見つける

　ただし、それらの物件に投資した人のなかには、物件を見ておらず、英語が苦手という理由で書類もロクに読んでいない、という人が多くいたそうですから、自業自得の面もあるのかもしれません。このような例は極端だとしても、海外物件に投資する際には、信頼できる現地のパートナーと組み、物件を自分の目で見たり、書類を確認するなど、リスクヘッジをおこなうことが大切です。

　海外不動産投資には、米国や欧州といった先進国への投資のほか、人口が思いきり増大し、経済成長フェーズにある国で、不動産価格の上昇を見込んでおこなうタイプのものがあります。1950〜60年代の日本に投資するようなイメージです。そのような投資をチャレンジ投資といいます。海外で今後、人口が増え続

けて住宅価格が上がる見込みがあるのは、アジアではインドネシアとフィリピンだけです。こちらはリスクがある代わりにキャピタルゲインが狙えるという魅力があります。たとえば10年前にバリ島のコンドミニアムに投資した人は、今2倍から3倍に価値が上がっています。場所によっては5倍というところもあります。

　私はフィリピンのセブ島が大好きで、この場所に会社として投資をしています。前ページの日本との人口ピラミッドの比較を見てください。一目瞭然、フィリピンは、働き盛りの若い人が多く高齢者を支える人口構成となっており、これからの発展が期待できます。

　しかし、海外不動産には、為替リスクのほかにも、商習慣の違いや、現地パートナーのレベルに投資の成否が左右される（日本と違って、管理会社の仕事内容に差が大きい）など、さまざまなリスクがあることにも注意しましょう。また、新興国への投資は、当然リスクがより高くなります。ですからチャレンジする場合には、ポートフォリオの一部の資産を振り分けるという意識で、余裕資金を用いておこなうといいでしょう。

　海外不動産投資での考え方で、「そこに物件を持っていることを喜べるような場所を選ぶ」という基準も有効でしょう。そうすれば、現地に行くたびにウキウキして、投資以外の面でも自分の人生にプラスになるからです。

実践法則 49

不動産投資は税金との闘い？

不動産投資には、税金の問題が常につきまといます。一見地味で難解な税金の問題も、儲けている大家さんほど熱心に勉強しているものです。ここでは、法人化も視野に入れた税金対策を考えていきます。

自己投資こそ最大のパフォーマンスを発揮

私の周りにはたくさんの不動産投資家がいますが、成功している人は例外なく「勉強熱心」です。そうでない人の成功は「たまたま」で、実は危ういものといえるでしょう。それでは成功している人は一体、どんなことを勉強しているのでしょうか。

「アパート経営や不動産投資の基本知識」「建物の見極め方や融資に関すること」「メンテナンスやリノベーションについてなど」。また多くの投資家が不動産以外にも、株式や金などの商品にも関心を持っていたり、実際に投資をしていたりします。

不動産投資にとどまらず、あらゆる投資と呼ばれるものに関しては、ひととおり知っている人が多いようです。これほどの広範な知識を身につけるには、それなりに時間もかかりますし、書籍やセミナー代などでお金もかかるでしょう。しかし、こういった自己投資こそが、実は最大のパフォーマンスを発揮するのだと、賢い投資家は知っているのです。

「新築住宅着工と中古住宅流通の比率が逆転する」「地価はまだ下がる」「ハウスメーカーは今後、大幅に淘汰される」「マンションデベロッパーは現在の半数以下に」……。このような私の話を聞いても特に驚くこともなく、自身の背景知識と照らし合わせて納得する人が多いようです。

また、彼らは決まって「大局観」を持っています。現在、世の中で起こっていることには、どのような意味があるのか。これから世の中はどんなふうになっていきそうか。そんな流れを常に読み、風を感じながら、投資の方針を決めているのです。

8

売却で「攻め」の
不動産経営を

191

不動産投資には税金がつきまとう

　そのような視野の広い勉強が欠かせない一方で、地味だけれど、とても大切なこともあります。**それは、「税金」についての知識です。**

　脱税は論外ですが、賢く節税をすることは不動産経営には必要なことです。リフォーム１つをとっても、一気に経費化できるケースと、そうではなく長期に渡って減価償却しなければならないケースとがあります。それを知っているかどうかで、「今期はどの程度リフォームにお金をかけるべきか」という計画も変わってくるからです。

　不動産投資をはじめたいという人たちと話をすると、物件の買い方や満室にする方法については学んでいる人が多いのですが、税金についてはほとんど知らない、あるいは興味すらないという人が多いようです。しかし、不動産は買うときも、持っている間も、売るときも税金がつきまといます。つまり、不動産投資の正確

● 不動産と税金

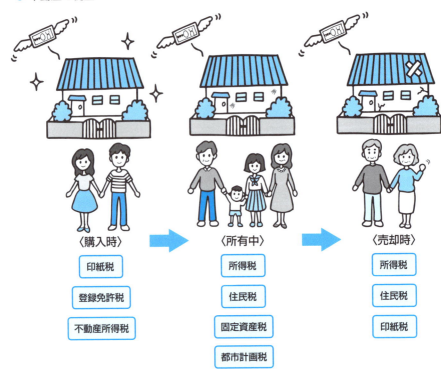

な収支は、税金を納めたあとにどうなるかまでを考えないと、本当の数字が出たとはいえないのです。

　税金の勉強は収入が増えてからでも遅くはない、と考えているならそれは間違いです。厳密に言えば、1棟目を買う前から、税金のしくみを知って、もっとも自分に合ったやり方を選ぶべきといえます。

　たとえば、物件を個人で買うか、法人を設立して法人名義で買うかによっても、税率は大きく異なります。すでに一定以上の収入のあるサラリーマンが、個人で収益不動産を購入すると、その売上と給与が合算されたところに税金がかかるため、税率が跳ね上がります。

　法人の設立には費用がかかりますが、親族にも報酬を払えるなどの利点があり、所得の分散に有効です。不動産投資に関する税金については、専門の書籍も多く出されていますから、ぜひ読んでみるといいでしょう。

● 個人と法人の税率の違い

〈個人（所得税と住民税を合算した税率）〉

課税所得金額	税率
～195万円以下	15%
195万円超～330万円以下	20%
330万円超～695万円以下	30%
695万円超～900万円以下	30%
900万円超～1,800万円以下	40%
1,800万円超	50%

〈法人〉

課税所得金額	税率
～400万円以下	約22%
400万円超～800万円以下	約25%
800万円超	約38%
695万円超～900万円以下	30%
900万円超～1,800万円以下	40%
1,800万円超	50%

実践法則	何のための家賃収入か？
50	**不動産投資のゴールを考える**

ここまで見てきた不動産投資の実践法則もいよいよ最後です。投資をするうえでのゴールの設定について考えましょう。当初思い描いていた目的・意義を失わないための考え方をお話しします。

ゴールがどこかは誰も教えてくれない

不動産投資のゴールは人それぞれです。最初にそれを決めておかないと、どこまで行っても満足することができず、ただ規模を追うことになったり、周りに流されて目指していた方向とズレが生じるという事態が起こりやすくなります。

不動産投資をやろうと思いたつと、多くの人は不動産投資に関する書籍を読んだり、セミナーに出たりします。それはとてもよいことです。しかし、書籍もセミナーも、ノウハウは教えてくれても、その人にとっての「ゴール」がどこかは教えてくれません。

ゴールがあいまいだと、目的と手段を混同しやすくなります。たとえば、5年以内にセミリタイアしたいのに、現金でボロ戸建てを買うというやり方を選んでしまうと、資産が膨らむスピードが遅すぎて、目標はとうてい達成できないでしょう。また、融資を使って規模を拡大していきたい人が、担保評価の低いボロ物件や区分マンションを最初に買った場合、次の融資がつきにくくなり、目標達成の足手まといになります。

できるだけ低リスクで手間もかけず、月に10万円の手堅い副収入を得たいという人が、地方の築古アパートを買えば「こんなはずじゃなかった」となるかもしれません。この場合は、利回りは低くても、都内の人気エリアに区分マンションを購入するほうが、目的にかなっています。

そういった失敗を防ぐためにも、「何のために家賃収入を得たいのか」「大きな借金をしてまで、資産を増やしたいのか」について、自分の中で納得いくまで考えるべきです。

ただ単に「今の収入では満足できない」「老後が不安」という理由では、動機が弱すぎます。人が何かアクションを起こすときは、「何かを避けたい」という欲求か、「何かを得たい」という欲求のどちらかが動機になっています。

194

● ゴールは人それぞれ

ポジティブなゴールを設定する

　人間は何かを避けたいという欲求から物事をはじめた場合、それが達成されても、幸せにはつながりにくいといわれています。また、途中で挫折する可能性も高くなります。反対に何かを得たいという動機ではじめた行動は、チャレンジしたときの満足度が高く、壁にぶつかっても乗り越えられるという傾向があります。

　ですから、不動産投資を成功させるためには、「**老後貧困を避けたい**」「**お金の不安から逃れたい**」というようなゴールではなく、「**賃料収入を得て、毎月親に10万円の仕送りをしたい**」「**セミリタイアをして、子どもたちと過ごす時間を増やしたい**」といった「**何かを得たい**」というポジティブなゴールのほうが望ましいのです。そこからさらに、「3年以内にキャッシュフロー50万円」というように、あわせて数値目標も立てられるとモチベーションが上がります。

　人間の脳は、ゴールを決めると、そのためにどうしたらいいのかを自然と考えるしくみが備わっています。ですので、最初にゴールを定めてスタートすることは、「そのためにはどうすればいいか」を計画することにもつながり、ひいては時間のロスを防ぐこともできます。

　男性に特に見られる傾向ですが、「○億円借りているあの人はすごい」「自分より若いあの人が家賃収入が○千万円なんて、オレも負けていられない」というよ

うに、「大きいことはいいことだ」というような発想をしがちです。しかし、競争に勝つことと、自分の幸せとは本来はまったく関係ないはずです。年収が増えても、食事は1日3食しか食べられませんし、ご馳走も毎日では飽きてしまいます。

ですから途中でブレないためにも、最初に目的地を決めて、そこにいたるまでの設計図をきちんと用意することが大切なのです。

▎エリアの価値を上げ、街づくりをする大家さんに

ここからは私の希望ですが、当初の目的を達成し不動産経営が軌道に乗ったら、次は入居者のさらなる幸せや、地域の発展に貢献できる人物になることを目指してほしいと思います。

私は多くの大家さんとお話をする機会がありますが、優秀な人ほど不動産業を広い視野で見ています。不動産経営を点ではなく、面でとらえている人が多い、ともいえます。

どういうことかというと、所有する物件をより快適にしたり建物の見栄えをよくすることはもちろん大事、しかしその物件は特定の「エリア（地域）」に建っているわけです。そして、建物と地域の価値は相互に連関し合っており、そのエリアの価値をどうやって上げようかと考えることができるのが、最先端の大家さんだと思うのです。

これからの日本は、税金を投入しての都市整備や、箱モノの建設といったお役所の仕事には期待できない時代に入ります。ですから、今まで以上にその街にかかわる1人ひとりの力が、街の今後に大きく影響してきます。その街に賃貸物件を持つ大家さんは、その街の住人のスカウトマンともいえるのです。

今現在のエリア価値を享受するだけでは、ただの「お客さん」にすぎません。自分が所有しているエリアの価値は、自然にでき上がったものではなく、自治体や、古くからそこに住む人たちが努力をして積み上げてきたものです。今度は、自分自身がその街をつくる側にまわり、住む人たちの幸せづくりに貢献していきましょう。

大家さんというのは、そのくらいやりがいのあるすばらしい仕事なのです。

OPINION

民泊で利回りアップ

Airbnb、Spacee……不動産もシェアの時代

近年、個人が所有する住宅や自動車などの資産を貸し借りできる「シェアリングエコノミー」が世界中で活発化しています。不動産も例外ではなく、Airbnb(https://www.airbnb.jp/)に代表される「民泊」への注目度が高まっています。

通常の賃貸に比べて、2倍、3倍の収益をあげる例も珍しくないことから、不動産投資家の間でも、賃貸マンション、貸家などを民泊物件にコンバージョンし、売上をアップさせる人が増えています。

その利用者の多くは、海外からの旅行者。日本の人口が減少するなか、増加が見込まれる海外からの旅行者を対象にしている点も、多くの投資家が期待を寄せる要因です。

エリアとしては、ホテルの需給が逼迫しているところが向いています。また、内装については外国人が好むような和風テイストが人気という声もあるようです。

海外からの旅行者の増加を目指す政府も、ホテル不足を補うといった意味から、民泊に積極的な姿勢を見せています。2016年10月には、東京都大田区や大阪市などの「特区」で個人宅を宿泊施設として貸し出す場合の最低宿泊・利用日数を、「6泊7日」から「2泊3日」に引き下げることを決定しました。

ただし、ホテル業界などの反発から、年間の稼働日数は180日以内にするという話もあり、これが確定となれば、投資としての旨味は得にくくなります。その場合、180日間は民泊施設として、残りは別の使い方をするということになるでしょう。

具体的には、「時間貸し」で、会議室や打ち合わせスペースとして貸し出すことなどが考えられます。「Spacee」(https://www.spacee.jp/)などのレンタルスペースを紹介するサイトを見ると、3時間、半日といった短時間でマンションの1室や会議室などを借りたいというニーズが多く存在することがわかります。

空き時間と自家用車を使ってタクシーのように利用者を運ぶ「Uber」や、使いたいときだけ洋服をレンタルできる「エアークローゼット」なども人気を集めています。不動産もこの先、シェアハウスや民泊に代表されるようなシェアの文化がさらに広まることは間違いないでしょう。

民泊の注意点としては、まだ法的な整備が追いついておらず、許可なくはじめれば違法になるということがあります。一部で治安や騒音などが問題となったことから、マンションでも管理規約で「民泊禁止」をうたうところが増えてきました。今後、民泊をはじめる場合も、ルールを遵守することは大前提と心得ましょう。

8

売却で「攻め」の
不動産経営を

あとがき

　本書を最後までお読みいただき、どうもありがとうございました。

　さてあなたは今、どのようなご感想をお持ちでしょうか？

　「自分には難しそう」と思われた方は、率直に言って不動産投資には向いていないでしょう。不動産投資は、誰かに促されたり、励まされたりしながら受動的におこなうものでもありませんし、人生を豊かにする方法として別の選択肢を検討されるのがいいと思います。

　「面白そうだ」「自分にもできそう」「やってみたい」と思われた方は、もうちょっと待ってください。さらなる勉強が必要です。ここで焦って拙速な行動をとると、あなたのこれからの不動産投資人生に大きな影響をもたらしかねません。

　すでに述べたように、本書は不動産投資のエッセンスを網羅した「ダイジェスト版」であり、これからあなたが不動産投資をおこなうための「羅針盤」のようなもの。ここに書いてある知識だけではまだ不足です。

　今後、できるだけ数多くの本を読むなどして情報収集してください。勉強会などに出かけるのもいいでしょう。そこで、不動産投資に対するさまざまな考え方や投資手法に触れてください。さらに「融資」「税金」「市場動向」「不動産取引」「建物」など、個別の項目についてもうちょっと知識を深めましょう。

　そのうえで「自分は不動産投資を通じて何をどの程度実現したいのか」といった、具体的なゴールを定めましょう。たとえば「サラリーマン収入を補う程度の副収入があればよい」とするのか「可能なかぎり拡大してサラリーマンを引退し、不動産投資を究めていくのか」といったことです。

　ここでは「何歳までに」とか「収入がいくら」とか、具体的な数値までイメージしておくといいと思います。こうした目的やゴールには、正解はありませんが、思考や行動に一貫性を持たせるためには、こうした点は明確にしておく必要があります。

　ここまでくれば、一定の準備はできたといえます。残すは地道に行動するのみ。勉強を継続しながら、物件情報収集や人脈づくりに努め、いつかご縁のできたところで不動産投資をスタートさせます。ここから本格的な、長い不動産投資人生のはじまりです。

　ここでもう１つ、あなたに考えていただきたいことがあります。それは「お金の意味」です。不動産投資の場合、もう少し具体的に「家賃の意味」と言い換えてもいいでしょう。

　なぜあなたは入居者から家賃をいただけるのか。それはいうまでもなく「入居者

に住居を提供しているから」ですね。ここでもう少しその意味を深掘りします。

入居者はあなたがリスクを取って投資をした物件に住み、あなたに家賃を払ってくれ、そのおかげで、融資元金や利息、各種の経費、そして収益をもたらしてくれます。

つまり「入居者あってこその不動産投資」です。要は一般的な商売、ビジネスと同じだということです。不動産投資も例外なく商売でありビジネスなのです。入居者に住宅を提供するのはもちろん、そこに安全、安心といった最低限のレベルから、楽しさや面白さなどの快適性、ひいては喜びなど、いわば「付加価値」をどれだけつけられるかということをよく考えましょう。家賃は「入居者を幸せにする対価」だと考えてください。

不動産投資は「買ったら終わり」ではなく「買ってからがスタート」です。1つの会社経営がはじまるようなものといえるでしょう。そうすると「経営学」とか「経済学」、「マーケティング」や「心理学」にも一定の素養があったほうがいいですね。そうやって自分自身を成長させながら、先に進んでください。

本書でも何度も触れましたが、日本はこれから本格的な人口減少、少子化・高齢化が進行し、空き家率は将来30％を超えるともいわれています。マクロで見れば不動産投資市場はライバルの多い、いわゆる「レッドオーシャン市場」です。レッドオーシャン市場には競合がたくさん存在するため、価格での勝負になったり過剰なサービスが要求されたりします。

しかし実際には世の中の多くの大家さん、不動産投資家は、そんなに努力をしているわけではありません。全国に300万人以上いるといわれる彼らのうち、本書で提案しているような勉強や努力をしている方というのは、実はほんの一握りです。

不動産投資市場は、「あたりまえのことを、あたりまえにできる人」たちにとっては、実はそんなに失敗しない「ブルーオーシャン市場」だったりします。換言すると、不動産投資市場がブルーオーシャンに見えるようになったら、あなたは一定の知識や見識を持った不動産投資家になったといえるでしょう。

入居者はもちろん、自分や家族、地域全体が豊かに、幸せになれるような不動産投資を目指して、頑張ってください。

最後に、本書刊行にあたり、多大なご尽力をいただきました加藤浩子さんをはじめ関係者の皆様、本当にどうもありがとうございました。

長　嶋　　修

著者紹介

長嶋　修（ながしま おさむ）

不動産コンサルタント。不動産デベロッパーで支店長として幅広く不動産売買業務全般を経験後、1999年に業界初の個人向け不動産コンサルティング会社である、不動産の達人 株式会社さくら事務所を設立、現会長。以降、さまざまな活動を通して"第三者性を堅持した個人向け不動産コンサルタント"の第一人者としての地位を築く。国土交通省・経済産業省などの委員も歴任。2008年4月、ホームインスペクションの普及・公認資格制度をめざし、NPO法人日本ホームインスペクターズ協会を設立、初代理事長に就任。また自身の個人事務所（長嶋修事務所）にてTVなどメディア出演、講演、出版・執筆活動などでも活躍中。業界・政策提言や社会問題全般にも言及する。日経電子版「NIKKEI STYLE」、Forbes JAPAN WEB、東洋経済オンラインなどで連載中。『これから3年 不動産とどう付き合うか』（日本経済出版社）、『「空き家」が蝕む日本』（ポプラ社新書）ほか著書多数。

さくら事務所（さくらじむしょ）

「人と不動産のより幸せな関係を追求し、豊かで美しい社会を次世代に手渡すこと」を理念として設立された、中立・公正な業界初の個人向け総合不動産コンサルティングサービス企業。第三者性を堅持した立場から、利害にとらわれない住宅診断（ホームインスペクション）やマンション管理組合向けコンサルティング、不動産購入に関するさまざまなアドバイスをおこなう「不動産の達人サービス」を提供する。

● 株式会社さくら事務所ホームページ
　http://www.sakurajimusyo.com/

編集協力：加藤浩子（オフィスキートス）

イラスト：佐とうわこ

不動産投資　成功の実践法則50

2017年1月10日　　初版第1刷発行

著　者　　長嶋　修・さくら事務所

装　幀　　植竹　裕

発行人　　柳澤淳一

編集人　　福田清峰

発行所　　株式会社　ソーテック社
　　　　　〒102-0072 東京都千代田区飯田橋4-9-5　スギタビル4F
　　　　　電話：注文専用　03-3262-5320
　　　　　FAX：　　　　　03-3262-5326

印刷所　　大日本印刷株式会社

本書の全部または一部を、株式会社ソーテック社および著者の承諾を得ずに無断で複写（コピー）することは、著作権法上での例外を除き禁じられています。
製本には十分注意をしておりますが、万一、乱丁・落丁などの不良品がございましたら「販売部」宛にお送りください。送料は小社負担にてお取り替えいたします。

©OSAMU NAGASHIMA, SAKURAJIMUSYO INC. 2017, Printed in Japan
ISBN978-4-8007-2044-3